再也不怕跟人打交道

一学就会的96个沟通技巧

[美] 莉尔 · 朗兹 Leil Lowndes ◎著

曹蔓 ◎译

How to Instantly Connect with Anyone

96 All-New Little Tricks for Big Success in Relationships

上海社会科学院出版社

SHANGHAI ACADEMY OF SOCIAL SCIENCES PRESS

目 录

Part 2 让你在人际交往中凸显魅力的 11 个小窍门 27

Part 3 教你舌灿莲花的 12 个小窍门 59

Part 4 让你爱上聚会的 10 个小窍门 99

Part 5 处理各种邀请的 5 个小窍门 127

Part 6 成为沟通大师的 13 个小窍门 145

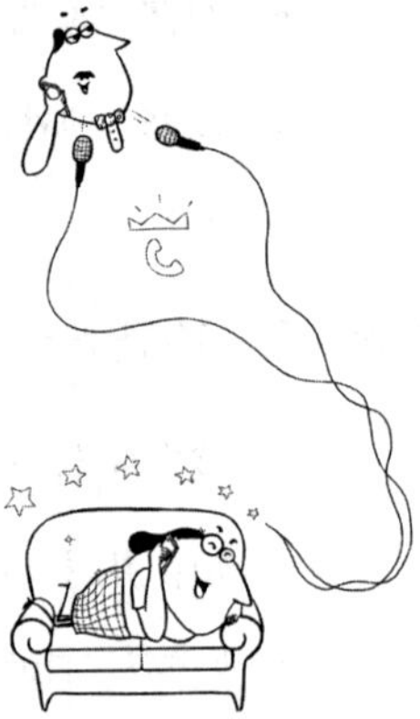

前 言

社会交往和职场交流的制胜之道是什么？

在社会交往中，尽管每个人都很注意保持潇洒的发型、笔挺的西服、闪亮的皮鞋和宜人的个性，但这些似乎并不能代表一切，仍会有人无法实现成功的交流。那些备受欢迎的成功人士，有些可能十分腼腆，有些则是典型的人来疯。同样，生活中的成功者也并不相同，有些十分老道世故，有些则让人感觉非常质朴。很多性格内向者往往会让人尊敬，而有些性格外向的人反而容易让人在交往中生厌。实际上，只要你的工作不是担任奥斯卡颁奖晚会主持人，那么你的个性和外表在生活中的影响就没那么重要；保持平凡本色也能让你在日常交往中脱颖而出，备受大家喜爱。那么，说了这么多，实现有效沟通的要诀到底是什么呢？这本书能否帮助你找到答案呢？

没错，接下来我就要向你介绍这本书的作用。当然，首先需要说明的是，这本书并不是万能的。我可保证不了你读完此书就能和商品经纪人大侃特侃原油期货，你也别指望读完本书就能和哲学博士深入探讨什么艰深晦涩的命题。我能保证的是，读完它你会更自信地与人交往，更自如地与人沟通，以及更轻松地和生活中出现的每个人建立良好的人际关系。

也许你已经意识到这一点，在你、我以及所有人的个人和职业生活中，我们的面前似乎都有一堵无形的墙，把我们每个人都孤立起来，使我们无法有效地和别人沟通。而这本书的目的，就是帮助你发现和掌握人际交流中的一些细微之处。也许你以前从未听说过这些内容，但它们却是打破这堵无形之墙的有力工具。当然，书中也会教你如何规范自己的言行。要知道，在合适的时间和场合说错话或做错事是非常令人尴尬的，它会让大家对你敬而远之，让你和潜在的机会、友谊甚至爱情统统失之交臂。

同时，这本书也会教你如何给予他人一份珍贵的礼物，这份礼物就是自尊。可惜的是，很多人在与他人交往时常常会忽略这一点。

那么，你该怎么做呢？

人际关系实验室

你和一位精神病学教授来到一间实验室，里面有两个全身赤裸的男人坐在靠背椅上，一脸尴尬的苦笑。教授把毯子递给他们，然后向你描述起来。

“这两位先生都在跨国公司工作，其中一位是首席执行官，有美满的家庭、忠实的员工和可靠的朋友。他可以衣食无忧地享受生活，关心身边的每个人，而且还积极参与慈善捐款活动。”

“而另一位，负责在公司打扫卫生。他也是位诚实善良的人，只不过他的人际关系很失败，身边没几个朋友，而且常常入不敷出。”

“现在，我的问题是，你能分辨出他们谁是谁吗？”

你向两个男人望去，脸上满是疑惑，看起来他们似乎没有任何区别。两人不但年纪相仿、体重相当，连面部表情都差不多。就算从外表能判断出来，那也得颇费一番脑筋才行。

教授走过去掀起毯子底部，两人的赤足露了出来，教授问：“怎么样，提示够吗？”

“啊！这可不行。”你一边回答，一边纳闷这算哪门子提示。

教授把毯子往上拉了拉，露出两人的膝盖和大腿，然后说：“这样呢，还不够吗？”

这下你更加困惑了，连连摇头说“不”。于是教授再次准备动手拉毛毯，可怜的你只好闭上眼睛，暗自祈祷不要看到尴尬的一幕。迟疑中，你睁开眼睛——谢天谢地，你和毯子下的两个可怜人同时放下了紧悬的心，长长地舒了口气——教授掀起了毯子的上部，露出了两人的头部和上身。

教授摸着自己的小胡子，锐利的目光盯着你不放，似乎在等待你的回答。你看看左边的男人，又看看右边的，然后眼光再次回到第一个人身上。虽然这两个家伙的身材跟《大都会》（*Cosmo*）内封的裸体模特比起来差得还远，不过总的来说还算对得起观众。

“哦，很抱歉，我猜不出来。”你老老实实答道。

教授并不吃惊，接着说道：“如果我告诉你他们两个出身背景相同，在同一个社区长大，从小就在一起玩，上同一所学校，而且连智商测试结果都差不多呢？你又会怎样看他们？”

这下子，你可彻底晕头转向了！

如果不是外表、智力、教育、财富或教养，那么判断标准是什么？

你是否也经历过类似的困惑呢？看到两个外部条件极其相似的人，其中一个很成功，而另一个却非常失败。有些人可以突破那堵人际关系之墙，成为生活中的佼佼者；而另一些人只能无助地看着那些成功人士，心想“为什么他们能做到，而我却要在这里苦苦挣扎？”

有些人会认为，那些成功突破藩篱、跻身优势地位的人会自私地把别人排挤在外。这样想并不正确，其实他们更希望你也能勇于突破那堵墙。毕竟，一个人孤零零待在围墙之外也不舒服。从某种意义上来说，这就像一场角色试演，只有通过的人才能加入他们的行列。

我有几位演员朋友曾在试演中不幸落选，但他们所不知道的是，其实导演要比他们更失落，因为他们非常渴望能找到出色的满足自己要求的人来演出。同样，那些成功者也非常希望能在自己的俱乐部中发现新面孔。跟许多人一样，他们也很喜欢与同样出类拔萃的人士为伍。但是在现实生活中，似乎很多对成功者持有偏见的人都没有意识到这一点：这就说明其实正是他们自身的错误认识才使自己无法融入对方的圈子，无法被他人所接受。

回到实验室

教授继续自己的问题："那么到底哪个是首席执行官，哪个是清洁工呢？"

你耸耸肩，一脸无奈地说："我真的不知道。"

教授只是笑了笑，并不回答。他转向另外两人说："非常感谢你们的配合，先生们，你们可以走了。"听到教授说实验结束，两人都如释重负，围着毯子就站了起来。

这时，甲男转过头对乙男说："乔，实验终于完了，我想你肯定很高兴吧，表现不错！"就在要出门时，他又对教授和你说："这个实验对你们两位肯定也是很尴尬的经历，希望下次你们能感觉好些。你们的研究一定很重要吧。"

乙男站起身时是这样说的："我就知道你们离不开我。"走到门口时他又停了下来，目光之中似乎有所期待。教授马上明白过来，走上前递给他一些钱，乙男一把接过就往口袋里塞……哦，那场景实在是太滑稽了！

教授关上门，再次向你问道：“怎么样，现在你能猜出他们各自的身份了吗？”

“当然，第一个是首席执行官，”你自信地回答。

教授很高兴，“没错！你是怎么发现的？”

“因为他关注另一个人的感受，也关注我们的感受。而另一个家伙就自私多了，他的话表明他更重视自己的感受，听起来就好像别人都对他有所亏欠一样。”

“完全正确！”教授高兴地补充道，“你看，前面那位会从别人的角度考虑问题，因此很容易和别人建立人际关系。他预感到了乔的困窘，因此通过赞赏对方的表现来缓和这种局面。”

“而后面那位，因为他总抱着‘别人欠我’的态度，急着让我支付费用，因此我们肯定不想以后再和他有什么瓜葛。”

对此你也表示同意：“没错，要是前面那位先生求我们帮个小忙，哪怕是几年以后我们也肯定乐意。”

“不过，教授你为什么要让他们裸体参加实验呢？”你好奇地问。

“我这样做是为了降低他们的舒适感，这样才能观察到他们在陌生场合下的真实反应。其实我们每天都要面对不同的情景，会产生不同的反应。”

教授看看你，接着说：“你是否感觉到那个首席执行官在实验中感觉要自信得多？这是因为他首先关注的是同伴此时的尴尬体验，因此他自己的不适感受就会退居其次。你还记得他的第一句话吗？‘乔，试验终于完了，我想你肯定很高兴吧，表现不错！’这些话表明他感觉到乔需要提升自尊心。”

“他表现得自信还因为在过去多年中大家总是尊重他。为什么会这样呢？这是因为他对待每个人的方式都一样，他能做到先预感对方的各种情绪，然后再做出相应的反应。”

“同样，他也体谅到了我们的感受。他很清楚在实验中面对两个裸体男人对我们来说也是很尴尬的经历。还记得他对你是怎么说的吗？”

你当然记得：“他准确判断出了我们的感受，对我们的研究表现出信任。然后还祝我们工作顺利。”

成功者和失败者在生活中有什么区别？

我把那位首席执行官所表现出的能力称为情绪预测，简称EP。他能在实验结束后马上预测到乔、教授和你的不同感受。在此基础上，他只用了简单几句话就和每个人成功建立起人际关系，而且让大家都感到亲切自然。

有些人天生就具备这种人类至今都尚未加以命名的能力。但不幸的是，大多数人是不具备这种素质的。情绪预测非常复杂，很多人都无法准确预测自己的情绪，更别说如何预测别人的情绪了。

《个性与社会心理学期刊》（*Journal of Personality and Social Psychology*）中曾发表过一项研究，研究人员在某大考来临前的几周内，询问学生在考前和考后几小时会有怎样的感受；稍后，研究人员询问学生在发布成绩前的感受；最后，又让他们准确描述自己在得知考试结果时的感受。结果，几乎所有人都无法准确预测自己的情绪反应。

这就是你应该读本书的原因。读完此书，你甚至能在对方毫不知情的情况下就感受到其情绪反应，然后有的放矢地展开有效沟通。要想做到这一点，并不是说你非得成为首席执行官才行，只要能利用情绪预测来实现自己的目标就可以了。这种目标在生活中的具体体现是多种多样的，可以是赢得友谊、寻找爱情、追求事业，或是简单地实现理想的人际关系。

情绪预测和情商的区别在哪里?

这是个好问题。情商一词是由丹尼尔·戈尔曼[①]在其同名作品中提出的概念。这一概念包括：1. 了解自己的情绪；2. 管理自己的情绪；3. 激励自己；4. 了解他人的情绪；5. 正确处理人际关系。

与情商相比，情绪预测是沟通行为的另一个层次。它是指对某人的言行所反映出的情绪进行提前预测，从而帮助你相应地调整自己的沟通行为。这种做法通常可以增强交流对象的信心和自尊。反过来，这样也能提升对方对你的好感，让你感到更自信。为什么会这样呢?这是因为掌握它你就能对他人的情绪快速做出预判和反应，从而得到对方积极和肯定的反馈。

实际上，大多数人在交流过程中的反应都是下意识的。他们不假思索的反应常常是发自内心和未加琢磨的。马尔科姆 · 格拉德威尔在其精心调研的作品《决断 2 秒间》(*Blink*) 中曾对这种“瞬间决定”的概念加以证明和推广。如今，这一概念以及它在人际交流过程中的关键作用已是妇孺皆知。

为何情绪预测对于延续爱情至关重要?

我一直都很想弄明白一个问题，为什么曾经互相深爱，一起生活

---

① 丹尼尔·戈尔曼 (Daniel Goleman)，哈佛大学心理学博士，曾四度荣获美国心理协会最高荣誉奖项，并曾两次获得普利策奖提名，其代表作《情商》为全球畅销书。——编者注

多年，甚至一起养育过孩子或是经营过公司的夫妻，最终会走到彼此厌恶的下场。

如今，在美国超过 40% 的婚姻都是以离婚收场，其中有不少都是令人痛苦的经历。如果夫妻对彼此的情绪视而不见，他们的爱意就会逐渐转化成潜在的敌意。人们往往会在心底压抑那些需要爆发的感受，这就像一颗随时都会引爆的手雷一样危险。然后，只要某天丈夫再多说一句让对方厌恶的话，或是妻子再唠叨一次让对方难以忍受的小事，马上就会引发夫妻大战。这时女方往往会抱怨：“天哪，真受不了他的大男子主义！”。而男方也毫不相让：“我怎么娶了这么个白痴！”

这就是夫妻出现危险关系的引爆点。当双方都认为从对方那里得到的痛苦远大于快乐时，其中一方就会引爆这颗手雷。这种伤害非常巨大，最后往往导致夫妻分道扬镳。

实际上，精神学家和心理学家都认为，早在公元前 300 年，希腊哲学家伊壁鸠鲁就曾写到过“快乐 – 痛苦原则”，而不是大家所认为的西格蒙德 · 弗洛伊德首先提出的这一概念，后者只是在其作品中对此进行过深入说明。直到近期，激励大师托尼·罗宾斯①（以赤脚踏燃煤行走而闻名）还在舞台上大声疾呼自己的理论，称人们总是自发地寻求快乐的感受，避开那些令人不快的经历。

无论一个人倾向于哪种概念模型，至少有一点是经过时间证明的真理，即“快乐 – 痛苦原则”会影响各种人际关系。你对他人最细微的言行方式都会在对方内心中一点一滴地积累起来。如果你无意中让对方积累了足够多的消极感受，那她很快就会要求你远离自己的生活。与此相反，如果你们的每次接触都令对方感到回味无穷，那她就

---

① 托尼·罗宾斯（Tony Robbins），著名励志演讲家、畅销书作家。——编者注

愿意付出尊敬和爱意作为回报。

当然，我们这里要讨论的并不是如何赞美对方，这是戴尔 · 卡耐基 70 多年前的理论了。现如今，公然恭维只会让人感觉笨拙突兀。要想赢得人们的尊重和好感，你必须深入对方的内心，发现其脆弱自尊的每个细微之处。一旦做到这一点，你就能准确地预测其情绪，机敏小心地加以应对，从而最终成功赢得对方的信任。

实验回顾

实验室中那位一丝不挂的首席执行官引起了你和教授的情绪共鸣。当他说“这个实验对你们两位肯定也是很尴尬的经历”这句话时，并不是赞誉之辞，他只不过在表达自己的看法，预测出在此过程中你和教授可能出现的感受。

与此相反，那位清洁工则张口闭口都是自己如何如何，并不关注你和教授的感受。由此不难看出他的自私心理和迟钝的感受能力，这样就会造成他人小小的不快。因为这是你第一次和他打交道，这种不快又无法得到释放，于是就会强烈打击你希望再次见到他的欲望。至于说到以后给他帮忙，那就更别提了。从这件小事推想，我们不难猜到这位老兄一生中已不知给身边人带来多少“小小的不快”——难怪他会一直做清洁工，因为没人愿意提拔他。

有些人的自尊心就像血友病患者的皮肤一样脆弱不堪，一个小小的伤口都会导致血流不止。如果你总是不假思索地行事，让对方积累了太多这样的不快感受，他们内心血流不止的自尊就会告诫他们：必须远离这个家伙，再这样下去他会毁了我的！

守护快乐，远离痛苦

神经语言程式(NLP)是一种20世纪70年代形成的心理治疗方式。其支持者认为上例中的清洁工已等同于痛苦的代名词。实际上，只要再多出现几次这种消极体验，别人就会发展到看到他就感到厌恶的程度。我认识一位女性，她曾在一家医院做过化疗。这种痛苦经历的影响是如此深刻，以至于多年之后每当她路过这家医院时就会感到很不舒服。为此，她宁愿每天多花 20 分钟，走另外一条路去上班。

神经语言程式告诉我们，如果你每次感到高兴时都轻敲自己的鼻子，那么慢慢地就会发现，单做这个动作同样会产生令你高兴的感受。虽然我从没做过这个有点傻气的实验，但每次看到生活中珍爱的人的照片都会让我感到很开心。换句话说，这些照片已经代表了开心本身。

本书会在接下来介绍 96 个人际沟通技巧，我把它们称为“小窍门”。它们能帮助你为别人的生活带来欢乐。只要你在交往中能正确地加以运用，就一定能让对方一看到你，甚至一想到你就感到非常愉悦。

如果你已经掌握了其中某些窍门，那可真值得好好自我鼓励一下——看，我也能做到情绪预测了！要知道，这种能力并不是谁都天生具备的，大多数人都要通过后天学习才能掌握。我就是个例子，费了很多工夫才达到今天的境界。我会在书中和大家一起分享自己的体会。

不过，在开始之前，我要介绍一下书中两位与众不同的参与者。

猫狗之别

查理·布朗的史努比①是美国最受欢迎的小狗形象，已经风靡了半

---

① 查理·布朗与他的小狗史努比是美国著名漫画家查尔斯·舒尔茨（Charles M. Schulz）的系列漫画“花生”中的形象。——编者注

个多世纪。史努比是一只充满幻想的小猎犬，还有着浓重的沃尔特·米蒂①情结，一天到晚幻想自己是个大英雄。

史努比是无所不能的，至少在它的白日梦里的确如此。但它又总是沉默寡言，它的想法总是浮在半空中云彩一样的气球里，很多小泡泡一直连到它那喜欢奇思妙想的脑袋上。在漫画行业中这可是有专业术语的，名字就叫“思想泡泡”。

跟史努比一样，每个人内心深处都有未加表达的想法，在本书中这种想法有着很重要的作用。不过，我的电脑做不出泡泡的效果，只好把人们内心的感受换一种字体加以说明。这些感受常常是人们不愿当众表达的。

当然，嘴上不说但他们内心会去想，就好像史努比一样。

喜欢小猫咪的人有福了，它们在本书中也发挥了重要作用。阅读时你会不时碰到“大猫”的说法，为什么我用它来称呼某些人呢？这是因为我们的社会就像动物出没的丛林一样，很多人都将其称为人类丛林。当两只狮子、老虎或美洲豹在丛林中相遇时，它们会慢慢地围着对方转。带着冰冷的目光，两只动物都会暗自盘算谁的生存技能更胜一筹。人类在交往中也是一样，只不过有的人会有意识地这样想，而有的人则是本能的反应。另外一点不同之处在于，动物们留意的是对方的体型以及锋利的牙齿、利爪；而人类丛林中最重要的生存技能是与其他“大猫”进行有效交流的能力。

因为“老江湖”、“老油条”等称谓有些贬义色彩，因此我在书中更愿意把那些深谙沟通技能，能够预测他人情绪的人称为“大猫”。就像前面出现的那位首席执行官一样，大猫们总是很清楚自己的情况、

---

① 沃尔特·米蒂（Walter Mitty），美国著名幽默作家、插画家詹姆斯·瑟伯的小说《沃尔特·米蒂的秘密生活》中的男主角，他为抵抗生活的乏味时常陷入幻想当中。——译者注

周围的环境、当前的形势以及他人的感受，他们总是能在这四者之间努力保持平衡。

为什么强调让对方尊重我?

书中的许多小窍门都是提升个人自信心和声望的方法。也许你会认为，这样不是和帮助别人实现良好自我感觉的目标背道而驰吗？这样说其实并不正确。要知道，人们都希望获得他人的尊重，同时也希望能得到其仰慕者的接受和认同，这两种渴望的程度是一样深刻的。

人类对这种认同感的需要从很早就开始了。学前班的孩子希望得到父母的表扬，小学生希望得到老师的表扬，青春期的孩子期望得到同龄人的认同，就连成人也希望得到他们所仰慕对象的认同。

当人们尊重你时，你对他们的认同会极大地提升他们的自尊感。当你能敏锐地感受到对方压抑在心底的情绪时，他们的感情和尊重就会转化为对你诚挚的爱。

为控制行为辩护

有很多好心的读者都曾这样问我：“你的人际交流小窍门会不会太操纵别人的感受了？”

对于这个问题，我们可以回顾一下 20 世纪喧嚣的 20 年代，准确地说是 1920 年 1 月 16 日晚 11 点 45 分。这是所有美国人能够合法饮酒的最后一个夜晚，此后，禁酒令整整实行了 13 年。

当有人问到对禁酒令表示支持还是反对时，一位政治家是这样回答的：

说到饮酒，如果你指的是酗酒的危害，比如破坏家庭和睦、令丈夫殴打妻子，那我当然支持禁酒令；但如果你指的是小酌几杯以资佐餐开胃或是增进朋友之间的情分，那我觉得禁酒令似乎大可不必。

对于大家的问题，我也想这样来回答。关于操纵控制，如果你指的是采用偷偷摸摸的方式从他人那里获得好处，或用不正当的手段动摇别人的想法进而实施欺骗，或是完全出于一己私利行事，那我肯定反对大家这样做。但如果你指的是通过预测情绪帮助对方自我感觉良好，从而获得自信；同时又能让对方喜欢跟你相处并重视你们之间的关系，那我当然赞成大家去这样做。

最后，我衷心希望各位读者能本着积极向上的意义来运用书中的 96 条人际交流小窍门。我祝愿所有读完此书的人都能在人际交往过程中有所收获。如果事实证明这些窍门的确对你有效，请记住你的做法并不是在操纵别人，这只是一种令交际双方都感到愉快的意外收获。

不要问怎样做才能让对方喜欢你

想一想如何才能让对方喜欢他们自己

然后他们自然而然就会喜欢上你

Part 1

相识之前就给对方留下深刻印象的 7 个小窍门

要想强化自己在人际交往中的眼神接触，你可以尝试描述对方眼睛的颜色、形状，留意他们睫毛的长度，观察他们戴隐形眼镜还是框架眼镜，注意他们两眼之间的距离，计算他们眨眼的次数……经过反复练习，良好的目光接触会逐渐成为你的第二天性。

10 步教你学会建立良好的目光接触

还记得小时候吗？跟陌生人说话时，妈妈总会把躲在身后的你拉到对方面前，告诉你应该看着人家的眼睛说话，从那时起你就意识到了目光接触在人际交流中的重要性。在西方社会，这样做意味着诚实、尊重、关切、坦率和自信。然而，令人不可思议的是至今仍有很多人在交流中很难做到这一点。为什么这个简单的动作对某些相当自信的人来说也是一个挑战呢？这是因为，如同两只在丛林中相遇、对彼此都紧盯不放的老虎一样，过度的目光接触会激发人性中原始的本能反应，即对战斗还是逃跑的判断。如果其中任何一只老虎调转目光就意味着放弃战斗，这时另一只就有可能猛扑上去。在人类丛林中，这一法则也同样生效，不够强势的目光接触也是一种示弱的表现。下面我们就试试采用 10 步锻炼法来强化你的眼神沟通能力。

当你注视某人时，试着在内心描述一下对方眼睛的颜色。不过不要停留在蓝或棕，浅或深这样的简单描述上。眼睛的色彩是有很多方式来形容的，比如蓝色眼睛可以分为蓝宝石色、冰蓝色，棕色眼睛可以细分为淡褐色、浅黄褐色和土褐色，灰色眼睛又包括浅蓝灰色和暗灰色，等等。有时候，即便是十分熟悉的人，我们也无法准确描述他们眼睛的颜色。想想你身边的密友，你能准确说出他们眼睛的颜色吗？

当你第二次和对方相遇时，可以试着描述一下她的眼睛是什么形状——圆形、椭圆形还是杏仁形？她的眼睛里眼白多还是眼白少？她的眼白里有没有血丝？

对于目光接触障碍者，这里还有另一个小窍门。你可以研究一下对方两眼之间的眼距，想象一下"如果她把自己的望远镜借给我用，我是该把它拉宽些还是调窄些呢？"

还有，她的眼睛是否对称？她是不是大小眼或高低眼？

再次见面，你可以留意对方的睫毛长度，它们是笔直的还是弯曲的？是什么颜色的？

如果是和一群人在一起，你可以观察一下每个人的眼睛，看看对方最喜欢看谁。

当需要进行目光接触时，比如有人在讲话，那么你可以数数对方眨眼的次数。《性格研究期刊》(*Journal of research in Personality*)中有项研究名为"互相凝视对产生恋爱感觉的影响"。该研究证明，如果有意引导交流者在谈话中统计对方的眨眼次数，那么他们更易于产生恋爱感。

要想在人际交流中使自己的目光接触收放自如，还有几种方式可以加以训练。你可以猜猜看对方有没有戴隐形眼镜，他们的眼镜是彩色的还是无色的？

如果对方戴的是框架眼镜，那么他的眼睛在镜框的什么位置？是正中、偏上还是偏下？他的眼镜是双焦还是单焦？

最后一条仅适用于女性读者，你可以思考一下对方化了多少眼妆。她用的是睫毛膏、眼影还是眼线笔？先生们，别笑！我们女士天生就爱这么捯饬自己。

好啦，如果你能把上面的技巧勤加练习，那么在交流中直视对方的眼神不过是小菜一碟。

小窍门 1

发现对方的眼部特征

要想强化自己在人际交流中的眼神接触，你可以试着描述对方眼睛的颜色、形状和眼白特征；留意对方睫毛的长度和颜色；观察他们戴隐形眼镜还是框架眼镜；注意他们两眼之间的距离；计算他们眨眼的次数；看看他们最喜欢看谁。还有，女士们，别忘了留心其他女性的眼妆。比如，她有没有戴假睫毛？不是吧，连这都让你发现啦！

我敢保证，经过几个月的练习，凝视别人的眼睛对你来说简直是易如反掌。良好的目光接触会逐渐成为你的第二天性。

掌握了窍门 1，你就能随时随地加以运用，成为当之无愧的电眼达人！

如何用眼神表达赞同?

在某些情况下，下列面部表情能有效地帮助你实现个人目标，无论这种目标是出于职业、社交还是发展恋情的需要。

下面我就以亲身经历来说明窍门 2 在社会交往中是如何发挥作用的。

那是在一艘名为“荷马”号的游轮上，一天晚上船长邀请我和几位乘客到他的房间小聚。高谈阔论之间，我突然发现船长乔治正盯着我看。他歪着头，皱着眉，眼睛半眯缝着，一副若有所思的样子。那表情可是相当专注，就好像是在研究什么。似乎他正在对我进行评估和判断，这种表情蕴含着一种超然的风度，让我感觉自己像是古罗马斗兽场里的角斗士，期盼着能得到国王的赞扬。

虽然有些尴尬，但我不得不承认自己其实挺喜欢这种感觉。当对方眉头松动露出微笑时，我感到自己就像获得了解放一样轻松。

好景不长，交往几个月后，我发现乔治不再使用这种仔细观察的表情来吸引我了。但毫无疑问的是，他这一招确实达到了目的。我想，作为一个船长，他要经常站在桥楼上观察，注意浓雾中有无其他船只靠近。这就是为什么他能具备善于观察的表情，因此我把这个小窍门称为“关注的眼神”。

首先我来说说怎样做出这样的表情，然后再告诉各位该在什么情况下加以运用。

怎样传达“关注的眼神”？

想象一下自己正在一条人迹罕至、弯弯曲曲的乡间小路上开车，车外漆黑一片，既没有月色也没有路灯。这时，一片浓雾袭来，汽车抛锚了。你只有暗自祈祷前面能有人家提供帮助。你走下车，眯起眼睛注视前方，希望能透过迷雾发现灯光。

很好，你现在已经完成了第一步。

这一步会告诉对方你在评估他们，当然，你的表情并不表示不友好，这只是一种沉思的表现。接着，当对方看到你第二步的表现时，就会把你的表情理解为经过深思熟虑的接受和认同。因此，他们会更加欣赏你的这种做法。

如何在工作中应用？

关注的眼神在工作环境中也非常有效。它表明在对某人或某观点做出最终表态之前，你曾进行过认真的思虑。这样你就能站在一个超然的位置来对事物进行评价。视情况需要，你可以尽可能地延长或缩短“关注眼神”的表现时间。

对女性而言，由于人们往往认为我们好说话，因此这个小窍门能在职场中帮上我们的大忙。它能一改女性的柔弱形象，让你看起来更有权威。你可以试着在某些场合，特别是在和那些牛气哄哄、满脑子大男子主义的家伙们打交道时实验一下，让他们对你刮目相看。

如何在社交中应用？

在和刚认识的朋友交往时，一定要记住缓和自己眼神的力度，只要能表现那么一下就好。要知道，在和对方熟识之前，展露一下自己关注的眼神会让对方感到你的真诚。相识之后也别忘了在交流中保持良好的友情式目光接触。

如何在恋爱中应用？

先生们，我要建议的是，关注的眼神对女性无疑有着致命的吸引力，前面我和船长的故事已经充分证明了这一点。如果加以合理运用，你一定能让她迫不及待地想赢得你的赞同。

同样地，对于女士来说，如果你想对意中人使用这种方式，别忘了目光一定要温柔！大多数男人都害怕被拒绝，处理不好的话他们就会误解为你是在拒绝。因此，你的第一步只需昙花一现即可；重点是第二步，向他展示你的微笑和认可。

小窍门2

用关注的眼神“评估”对方

只要时机恰当，无论是评估别人的意见、公司计划或是判断一个人，你都可以快速地做出仔细观察的表情。当你能做出决定时，用一个微笑来表示自己的认可。这时，对方就会感到他们“赢得”了你的认同。

当然，要想让对方感到你的认同是他们努力追求的奖励，你必须表现得非常自信，这是一种由内而外散发出来的真正自信。

掌握了这个窍门，你就能在人际交往中无往不利！

如何穿出自信?

接下来的两个小窍门应当成为各位男士与女士的必修课，因为它们会告诉你如何在重要的活动和日子里表现得更自信。

有一年夏天，我受邀参加一个大型法律公司名为“企业形象”的研讨会。参会者主要是助理律师和行政人员。由于该公司的企业文化一向保守，因此我很有必要给他们建立一个良好的时尚榜样。但作为一个女性，我也有与天下女人一样的烦心事，那就是“真不知道今天该穿什么好！”看来，为了展示酷酷的形象，我得给自己添一件像样的夏日套装——哈，对于买衣服，女人总是能找到冠冕堂皇的理由。

那天我连着逛了十几家店都悻悻然无所收获，后来我走进了一家超贵的精品屋。本来我只打算看看就走，没想到模特身上的一件比尔·布拉斯[①]套装完全吸引了我。它好像是专门为我设计的一样，绝对是参加律师会议的最佳选择。这件套装包括设计精美的丝绸褶裙和漂亮的长外套，虽然价格高得吓人，但我一眼就看中了，要是转身离去的话绝对会后悔一辈子。

一回到家，我马上小心翼翼地把它挂到衣柜里，不让任何人碰它

---

① 比尔·布拉斯（Bill Blass），美国著名时装品牌之一。

一下。我美滋滋地想，出席会议时自己一定会惊艳全场。

考验的日子

转眼就到了参加研讨会那一天，我穿戴一新，迫不及待地想要展示自己的形象。在会议开始前，我还不忘在盥洗室补补妆，进入会场前再好好欣赏自己一番。

会议开始的确和我预想得一样美妙而顺利。10 分钟后，我转过身去写字，突然听到人群中传来低低的惊呼声，还有女士们努力压抑的笑声。不明所以的我回头，看到律师们一个个都乐不可支，还有人则尴尬地转过脸去。终于，大伙再也抑制不住，整个会场笑成一片。

会议组织者马上跑过来，贴着耳朵告诉我："莉儿，你的裙子缠到裤袜里了。"这下可把我给弄懵了。我伸手往背后摸去，果然在丝袜下面摸到了缠在里面的裙子。惊愕之下，我才明白刚才自己竟然在众目睽睽之下秀了一把自己的"美臀"！

我只好故作幽默来打圆场："嗯……这个说明我很前卫，从不保守。"不过这一招似乎没什么效果，我只好再接再厉，告诉大家我突然理解了 C.Y.A 的重要意义（按照律师红宝书，C.Y.A 的意思就是"遮住你的屁股"）。这下大家终于被逗乐了，尴尬的情绪也一扫而空，不过我可是出尽了洋相。

接下来要想回到演讲题目可真不容易，我想转换一下话题可能比较有帮助："看来，穿外套对女人来说确实很有必要。"我边说边看笔记，心里想着该怎样进行话题过渡。不经意间，我发现腋下渗出的汗渍正透过衣服一点点地扩散出来。

我暗暗对自己说："唉，下次再也不选丝绸料子了！"

随着这个想法的出现，我的第 3 个小窍门诞生了。

小窍门 3

参加重要活动前做个“服装彩排”

参加面试、会议或赴重要约会时，一定不要光顾着衣着时尚。除非你对别人的嘲笑或奚落毫不在意，否则在赴约之前一定要检视一番自己的穿着。

如果那天我在演讲之前在别的地方穿过那套衣服，肯定会发现那些令人尴尬的问题，也不至于把自己搞得那么丢人。唉，谁叫女人都这么爱美呢！

同样适用于男性的窍门

男士们，出于对时尚因素和安全性的考虑，建议你们也能在穿衣出门之前彩排一下。鉴于女孩子总喜欢评判衣着，这一点对单身男性来说具有特别重要的意义，哪怕是一不小心露出袜子下面毛茸茸的小腿也会让你的形象大打折扣。

很多男士都向我讲述过这种恐怖经历，比如在很重要的场合发现裤边开线、纽扣松掉或是拉链失效。还有一次，有人对我说起卫生间里的悲惨故事。他的拉链意外地夹住了自己的“小伙伴”，疼得当场大叫起来。更糟的是，遇上这么尴尬的事，他都不知道该怎么向等在外面的新女友解释。

也许你可能不知道，在传统的大公司里，男士的衣着是十分重要的。在某种程度上，西服的款式和皮鞋的光亮程度能直接决定你在公司的发展前途。

话虽如此，不过如果我不用衣着光鲜地参加社交活动呢？我可不

想穿着西装革履或脚踩摩登高跟鞋去商场购物，那可太不入流了！

没问题，接着往下看。

居家衣着

穿上牛仔裤和 T 恤衫，无论是看电视还是读书都会让你感到很舒服。这些衣服能让人感到很放松，它们就像我们的皮肤一样自然真实。你永远不会担心汗衫是否太紧，牛仔裤是否太短，因为只要舒适就足够了。

现在我们就来说说居家服饰的穿着大法。尽管看起来仍是派头十足，但如果你的衣着穿起来并不舒服，恐怕很多人都不愿意束缚自己。要想给别人留下好印象，无论怎么穿你都要感到放松才行。下面就是一个小技巧。

小窍门 4

在居家生活中穿出聚会风采

暂时把牛仔裤和运动衫扔到一边，穿上自己闪亮的新装面对家居生活。你可以穿着它看电视或整理 CD。如果是棉制衣物，你甚至可以穿着它小睡一觉，顺便还能检测一下衣服的抗皱性能。清洗过后，这些衣物又能像以前一样光鲜亮丽。这时再去穿就会显得更自然，不会产生“我在穿新装”的拘束和僵硬感。

如何让人欣赏你的介绍？

假如某人在同一时间说了同样的话，不同的人听到之后产生的理解恐怕不一样。人们所说的每句话都有可能引发聆听者深藏的回忆、联想，甚至是终生的快乐或痛苦。

有时候，一句话的表达顺序也会对他人产生影响。比如，我常常听到男士这样介绍自己的妻子：“这是我的妻子威尔玛。”女士则会说：“这是我的丈夫哈罗德。”

很多人会想，难道这样说有什么不对吗？听我说完下面的故事，你可能就会改变想法了。

我的前任老板是个很自大的家伙，每次向别人介绍我时都会说：“这是我的助理莉儿。”但有时常常会变成：“这是我的助理，嗯……那个……对了……莉儿。”

事实的确如此，我是他的助理。但让我如鲠在喉的是他的表达顺序。他的话似乎表明“我的助理”这 4 个字就是一切，其他部分，比如我的名字，都是可有可无的。我禁不住想，难道提起我的名字会伤害他的形象吗？难道我就这么无足轻重，只要是个两条腿没翅膀的家伙都能替代吗？我真希望他能放下架子，想想自己的说话方式对我造成的贬低和疏远，哪怕就一次也成！我想，如果他能转换一下语序这

样说：“这是莉儿，我的助理。”那么，大家对我们两个人的印象肯定都会大为改观。

嘿！省省吧，莉儿，你也太敏感了吧！

可是我觉得，每个人都是很敏感的，特别是当事情关系到他们自身时更是如此。

我相信我的顽固老板并不是有意要贬低我，他只是不具备预测他人情绪的能力而已。

这是一种微妙而关乎潜意识的能力，需要具备高度的敏感性。对他人情绪的预测可以让对方自我感觉良好，同时也能让对方对你产生好感。他们也许并没有意识到自己的名字是在职务前面还是后面，但只要你做到了情绪预测，就能让他们感到和你在一起很放松。

先说人名，后说身份

介绍他人时，不要说：“这是我的丈夫哈罗德。”而要说：“这是哈罗德，我的丈夫。”不要说：“这是我的妻子威尔玛。”让人听起来更舒服的方式是：“这是威尔玛，我的妻子。”

如果你们之间的关系不像“夫妻”那么简单，注意在介绍完姓名之后停顿一下，然后另外说明你们的关系。我希望我的老板能这样介绍我：“这是莉儿，她是我的助理，刚来公司 3 个月。”

如果他再补充一句：“我很喜欢和莉儿一起工作。”我当然更开心。这种方式也会让大家更加喜欢他。莎士比亚曾说过：“人人都爱爱人者。”我还要补充一句：“人人都赞赞人者。”

小窍门 5

介绍他人时先说姓名后说身份

不必急着炫耀某人的身份，先让大家感觉到他的真实存在。你只要先介绍他的姓名就足够了，然后适当停顿一下再告诉大家他的具体身份。

观点之争

如果戴尔·卡耐基仍然在世，我们俩之间可能要就下面的人际交往之道争得面红耳赤。卡耐基先生著名的“好兄弟不分你我”式思想在 20 世纪 30 年代曾盛行一时，并成功延续了很久。然而，如今我们很多人都已经受够了这种粗犷型的交往方式。在公司和社交活动中，我们往往更尊重那些深思熟虑型的交往者。

那么，如果你行事一向低调，又该怎样让别人认识到你的重要性呢？

如何让别人渴望接近你?

当你准备去参加一个聚会，那里会出现很多新面孔。你很认真地刷牙，喷香水，把皮鞋擦得油光锃亮。看看镜子里的自己，你感觉挺满意，不过别人是否也这么认为呢?

如果你不是那种身材超级惹火的绝代佳人，或者对自己的外貌没啥信心的话该怎么办？要想吸引别人，还有什么能拿得出手的呢？如果你不告诉大家你的卓越、你的成就，以及你的谦恭，人家又怎么会知道这些特质呢？但是，如果一见面你就告诉大家你的优点，人们肯定会认为你在吹牛。如果你打算说些俏皮话来吸引注意，大家又会觉得你喜欢炫耀自己。唉，这还真麻烦，就像第 22 条军规①一样，怎么做都左右为难。

那么，对于那些身具特质、成就斐然的人来说，到底该在人际交往中如何表现自己呢？我们来看看第 6 个小窍门。

不知道你有没有听过那些所谓“腕儿们”的宣传会，组织方总是不厌其烦地讲述这些明星的成就和天赋。经过这么一吹捧，观众的胃

① 第 22 条军规（*Catch-22*），源自美国作家约瑟夫 · 赫勒的同名小说，指不合逻辑、自相矛盾的情况。——译者注

口就给吊了起来，恨不得马上能亲眼见到这些传奇人物。

这对我有什么用？我又不是做公开演讲

谁说没用？当然有用！实际上，每一次你开口说话都是在演讲，结识新朋友时就更是如此。跟那些明星大腕们一样，如果有人能好好把你推销一番，在和别人交往之前你就已经先声夺人了。

对此我的亲身体会可是相当深刻的。一位芝加哥的朋友曾邀请我参加商会活动，做完演讲后我和一位名叫福斯特的先生聊了起来，他是惠普公司的销售员。在等待组织者供应点心时，我们很自然地聊起了吃的东西。

这个话题引发了他的兴趣，他对我说："莉儿，我想介绍一位朋友给你认识，他是个厨师，叫罗伯特，你肯定会喜欢他的。他不但经常参与社区活动，去年还参加了为抵抗乳癌组织的马拉松长跑。"

哇，这么厉害！我可真想见见这位支持乳癌研究的运动型厨师。

试想一下，如果这位罗伯特老兄在第一次见面时就夸夸其谈自己的背景会怎么样？恐怕大家对他的印象就不那么光辉了。即使有朋友福斯特在一旁帮着唱高调，作用也是微乎其微。所以，从别人口中了解一个人，然后再找机会和那个人相处，这才是最佳的交往之道。

你夸我，我夸你

说来好笑，如果不是后来有机会见到罗伯特，我还真不知道这哥俩竟然如此精于此道。那次是和几位男士一起聊起了体育活动，罗伯特来了兴致，对我们说："嘿，你们知道吗，我有个老兄刚去迈阿密观看超级杯①比赛了，他就坐在场外50码的最佳观赏位置，真是不简单！”

很明显，没人相信他编的故事，有个家伙插了一句：“得了吧，只有上帝才能搞到位置那么好的票。”

另一个接着问：“他是不是认识什么大人物才这么牛啊？”

罗伯特反驳道：“他没靠任何人，得到这张票是因为他被评为惠普十佳销售员……”

哦……敢情这两位的开场白还真仗义啊！

后来经过证实，我发现福斯特总会很随意地聊到餐饮的话题，然后自然就引出了罗伯特和他的闪光点。我才不相信他是偶然提起，把一个八竿子打不着的餐厅大厨扯进我们的话题。这完全是一招高明的策略，让对方自然地对罗伯特产生好感。

这哥俩配合得还真是默契。罗伯特每次都会在人前提起福斯特的销售能力，而福斯特也总是津津乐道罗伯特的长处。是啊，有哪个女性不会对身材矫健、热心乳癌奋斗事业的厨师刮目相看呢？

引发对话

不知你是否注意到，他们的小技巧还有一个额外的好处，那就是能提供无尽的话题，比如餐厅、厨师、社区工作、乳癌、马拉松、奖励旅行、球赛，等等。如果有什么最佳餐厅招聘厨师之类的活动，那就更不用提罗伯特的优势了，话题简直多了去了！

---

① 超级杯（Super Bowl），也被叫做“超级碗”，指美式足球联盟年度总决赛。

有“舍”才有“得”

我很不认同“睚眦必报”的人生哲学。我发现，如果人们的付出大于索取，通常这种心态最终会造福他们自己。即便无法得到物质上的回报，但他们仍然可以体会到付出的快乐心情。这就是第 6 个小窍门要告诉我们的真谛。

你可以停下来思考几分钟，想想你身边的朋友。他们做过哪些有意义的事？他是否参加过乐队？他是否在关键时刻挺身而出保护孩子？她是否刚在公司里得到晋升？她是否赢得过烹饪比赛？你可以在下次介绍朋友时，试着描述一下他们的事迹。

介绍朋友的拿手好戏

这个方法能让你的朋友迅速赢得关注。想想他们最喜欢哪些话题：音乐、占星术、尼斯湖怪兽、交际舞、蜥蜴，抑或是飞碟？只要你能成功地引出话题，他们的真知灼见就肯定会博得满堂喝彩。不用说，你们之间的友情也会因此得到强化。

如果你有完全值得信任，甚至能一起密谋计划的死党，请接着往下读。

你们完全可以建立“战略同盟”，向彼此周围的人介绍对方的长处；当你们两人同时和大伙交流时，可以分别引出对方喜欢的话题来探讨。

小窍门 6

让你的朋友备受关注（同时也能让你受益）

介绍朋友时，记住不要光顾着介绍姓名，还要讲一些对方的闪光点。如果你的朋友已经和大伙认识，试着引出他喜欢的话题，这样能帮助他充分展现自己。

当你这样做时，不必考虑自己的回报，这样你们的友谊反而会得到深化。当然，如果你们是无所不谈的死党，完全可以建立同盟，在人际交往中为彼此美化一下形象。

世界最佳搭讪开场白是什么?

先生们，读完本章你就能解开这个千古之谜了。男人总是在夜里辗转反侧，挖空心思想给心仪的女士留下好印象。为此他们不惜狂背开场白，阅读约会大法，反复练习各种调情小把戏，甚至还有人参加专门的研讨会和学习网上教程。

好吧，我得说你们确实精神可嘉。至于效果嘛，那可就不好说了。最近有很多研究(包括《性格研究期刊》中的一项重量级研究)都表明，女性最关注的男性特质是得到男性的尊重，尤其是来自追求者之外的其他男性的尊重。因此，对男士来说，最好的方法莫过于让别的男人告诉她你的爱慕之情。

那么，最佳开场白应该是怎样的呢？其实，其他男性朋友对你的任何积极评价都可以。换句话说，让另一个男人帮你说出的开场白才是最佳开场白！

虽然大多数人并不像单身男性那样为如何与女性搭讪而苦恼，但一群人聊天时大家总是对女性的开场白比较留意。因为不管她怎样说，其目的就是要“证明自己”。即便连她自己都并不清楚，但潜意识里她还是会说：“快来关注我啊！我性格宜人，富有参与精神，对这个话题也感兴趣。你们肯定喜欢和我交谈的。”

很不幸，人们往往会过分强调这一点。他们没有意识到这样反而会产生相反的效果。

如何让大家乐于倾听你的意见？

你有没有在开会时遇到过这种人？别人刚讲几句他们就举手提问，过了没两分钟又开始提问，整个会场好像就他最积极，搞得发言者和听众都兴味索然。

有时候，由于他们太过频繁地打断别人的讲话，会议组织者不得不要求他们停止提问。实际上，我觉得他们的策略很愚蠢。如果他们能学会在表达意见之前保持缄默，反而会吸引大家的注意力。

我记得几年前参加过一个小型聚会，我们五六个人围坐在朋友家的游泳池旁闲聊。这几个人中，除了简我没见过，其他的几位都挺熟悉。

就在大家山南海北地瞎侃时，我突然注意到简似乎有些不一样。大家聊得那么兴奋，她却一言不发，只是静静地听着。我很好奇，想知道她对我们的聊天话题有何感受，可是又怕这样做有些唐突，于是只好作罢，也许她只是比较害羞吧。

大约半个小时后，意想不到的事发生了。简一下子像变了个人似的，对我们当时聊的话题来了兴致，滔滔不绝地说起了自己的看法。她的观点新颖有趣，我们都听得很入迷。后来基本上是她在主导整个聊天过程，而且我们都挺喜欢听。那么，到底是什么原因让她前后反差这么大呢?

开始的时候，简一言不发，这就让我们逐渐产生了好奇心。我们都觉得她肯定有与众不同的地方，这也是吸引我们的一个原因。和那些性格外向总是迫不及待表达自己的人完全不同，她全然不靠这一套来证明什么。因此，简的做法无意中却透露出了她的风格和自信。

你是害羞的人吗?

如果你是，那我们可真投缘。我在 20 出头时也非常害羞和缺乏自信，因此，我非常理解那种感受。那时让我跟人交往是件很痛苦的事情，就连跟人对话都成问题，更别说和异性约会了，那简直能要了我的命。我总是愚蠢地认为，要改变这种状况就必须敢于开口。结果，我常常会蹦出一些没用的废话，这不但让交流双方都很尴尬，还让我感觉自己在别人心目中就好像白痴一样。

然而，直到如今，许多人也并没有意识到害羞和内向（或称之为高度敏感）之间的巨大差别。其实，后者（内向人群）之所以不怎么爱表达是因为他们在花时间处理自己听到的信息。他们总喜欢认真倾听别人的讲述，而轮到自己发言时却不慌不忙。这种做法并不是缺乏智慧的表现。《当代儿童研究》（*The Journal of Children in Contemporary Society*）杂志中就专门做过这样的分析，结论是 60% 的天才儿童都是内向型的，他们在常春藤盟校[①]的成绩也高于其他学生。在很多情况下，相对于快速反应能力，人们往往对深思熟虑和三思后行的做法更为欣赏。

---

① 常春藤盟校（Ivy League），由美国东北部 8 所名牌大学和学院组成的一个联合组织。——译者注

回忆当年，如果我明白这样的道理，肯定不会急于表达自己，而是会先认真地倾听别人的声音。然后，当我需要表达的时候，先前的观察会让我的话语更有力度，大家对我的意见也就更有兴趣，这样反过来也能帮助我树立表达的信心。

我的第 7 个小窍门可不光是用来闲聊的，它在工作中也一样实用。在商务会议或重要谈判中，你要学会先让别人表达意见。认真倾听对方的观点，然后再说出你自己的想法。深思熟虑会使你的观点更有价值。

小窍门 7

不要急于表达自己，三思而后“言”

不要急着在交流中阐述自己的观点。先保持安静，这样会创造出一种神秘感。别人说话时你只要认真听就行了，别忘了再来点儿目光接触。最后轮到你表达时，你的深藏不露会让自己的话语更有份量。换句话说，你前面所做的努力最后会转化为成功的吸引力。

三种场合学会从容不迫

1. 当你知道如何回答时。如果有人在正式谈话中向你提问，即使你很清楚如何作答也不必着急回答，先给自己几秒钟时间。

在这段时间里，你要正视提问者，这样能对对方产生重要影响。按照麦克·阿盖尔在《人际行为心理学》(*The Psychology of Interpersonal Behaviour*) 中所证明的观点，聪明而自信的人认为无声的眼神接触不是负面作用，这种力量不会扰乱他们的注意力。

2. 当你不知道如何回答时。要是你不知道该怎么答复，或不知道该怎么表达自己的想法，记住不要乱扯，也不要即兴发挥。你可以看着提问者，微笑着告诉对方：“我得花点时间想想怎么回答。”然后换一个话题。

3. 当你不想做出回答时。如果有人故意挑衅，提的问题很无礼。你可以盯着对方的眼睛直呼其名：“某某先生，我不知道该怎么回答你的问题。”记住要保持不卑不亢的表情，而且一定不要转移目光。

Part 2

让你在人际交往中凸显魅力的 **11** 个小窍门

要想在握手时快速让对方产生好感，轻轻地把食指搭在对方手腕处的脉搏上，这样可以让对方感觉到你的体温直达他的心房。

如何让自己的握手更醒目?

在人际交往中，当你第一眼看到某人时马上就会有一个初步印象，这一点我想大家都认同。不过，有句老话讲“第一印象决定一切”，这个我似乎不太认同。实际上，即使别人对你的第一眼感觉不怎么样，但随后一个小小的握手也许就能改变一切。

威尔 · 利普顿曾在康州格林威治市一家著名公司担任过首席执行官。他告诉我有一次在招聘高管时遇到了难题：两个应聘者都很优秀，这让他很为难，不知道该怎样做出选择。后来我问他最后是谁应聘成功，威尔说：“是握手时令我印象深刻的那个！”

在现代社会中，有修养的人应该都知道握手时比较忌讳的一些情况。比如，有的人喜欢装酷，把手指关节按得啪啪响；有的人好像病秧子，握起手软弱无力；有的人只伸个指头尖儿，貌似很洁癖；有的人热情过度，握起手来像触电；有的人不但把手直挺挺地捅到人家面前，还来个手心向下，搞得好像戒指推销员。

过去几年里，我还真没碰到过令人印象深刻的握手。直到上个月，我才真正体会到什么叫握手。

那天，听完加拿大通用公司总裁伊莱亚斯的发言，我上前和他握手。

哇！和他握手的感觉实在太棒了！

他的握手坚定有力，而且渗透着友谊。在我印象中，好像自从童子军时代经历了秘密握手仪式之后就再也没体会过这种奇妙感受，真不知他是怎样做到的。于是，我毫不吝啬地对此表示称赞。

伊莱亚斯微笑着翻开手心，指着手腕处的静脉对我说："看，秘密就在这里。每次我和别人握手时都会把食指放在对方的脉搏上。"我恍然大悟，从某种意义上说，这样做等于触摸到了对方的心脏，因为脉搏正是通往心脏的通道。

很快，我就学会了这一招"搭脉式"握手法。最近我还从一位共济会会员那里得知，在他们那里竟然有20种不同的握手方式！其中，导师的"狮爪手"式也会按压在会员的脉搏上，我想这肯定是挺隆重的方式。当你习惯这种新的握手方式之后，就会敏感地觉察到它给对方带来的积极变化。

小窍门8

握手时轻按对方的脉搏

握手时轻按对方脉搏就好，不要让人感觉像在把脉！要想在握手时快速让对方产生好感，轻轻地把食指搭在对方手腕处的静脉上，这样可以让对方感觉到你的体温直达他的心房。握手时手掌应适当前伸，和对方的脉搏密切接触，这也是让你的握手更加醒目的特征之一。

如何有风度地交换名片？

在每月一次的商会聚会中，主办方向我介绍了一家日本企业负责人岳岛先生。和其他人一样，我们聊了一会儿就开始交换名片。他递上名片，我瞅了一眼，说声“谢谢”就放到了皮夹里，然后顺手递上了自己的名片。

只见这位老兄神态恭敬地双手接过，凝神打量半天。他一副小心翼翼的样子，就好像我的名片是用一弹就破的宣纸做的！

天啊！不过只是张名片而已，不用这么在意吧！

当然，虽然心里是这么想，但我得承认对方的恭敬态度还是让我感到备受重视。尤其是他目不转睛凝视名片的样子，让我马上觉得自己像个大人物。实际上，他看得如此投入，以至于我开口说话时就像打扰了他的专心致志，他简直是恋恋不舍般地从名片上收回自己的目光。

又聊了一阵子，我发现他竟然还在用双手捧着我的名片！这个举动不但让我感觉备受尊重，还体现出他对我工作的好奇。刹那间，我仿佛觉得自己和这个如此重视我的名片的男人的关系一下子被拉得很近。

就在我们继续交谈的过程中，他还不时低头看看我的名片。跟这样的人交流，实在太能满足我的成就感了！

日式接物法

也许日本人在人际交往中不怎么爱流露感情，但他们对待名片绝对不是这样。日语中使用“名刺”（めいし）这个词表示名片，在日本人眼中，这个词被赋予的含义可以说已经上升到了仪式化的程度。

我想，在这位日本朋友心里，肯定不会把自己的行为当作什么人际交流的“小窍门”。他只是按照亚洲传统方式客气地接收名片而已。实际上，亚洲文化中的很多行为都深刻体现了情绪预测的功能。比如，他们极其注意“面子”，对有伤尊严的事非常敏感。

不过，你大可不必像他一样双手恭恭敬敬地一直捧着别人的名片不放。有意思的是，我后来这么试过几次，每次都很快就让对方对我产生了好感。

小窍门 9

交谈时把对方的名片拿在手中

收到别人的名片时，不要扫一眼就塞到口袋或皮夹里。首先，你要双手接住名片，仔细地端详一番，就像是在观赏一件精致的手绘工艺品。然后用一只手拿着名片待命，手的高度以停留在腰部上下为宜。要想让对方感到受重视和有面子，谈话时应不时低头看看他的名片。

递名片的讲究

收名片的细节简直可以媲美舞蹈对动作的苛刻要求。同样，我们在递出名片时也有一些讲究。当然，你不用搞得太隆重，那样容易把人吓着；可也别太随便，让人感觉像是在丢废纸。我就见过有人递名片像是在扔用过的面巾纸，这样完全是种不自重的表现。

你应该找个漂亮的名片夹存放名片。想想日本人对待名片的方式你就会明白，名片是你介绍自己的方式，尊重你的名片就意味着尊重自己的工作。

小窍门 10

面带自豪地递名片

递名片时，轻轻地从名片夹里取出名片，双手平举送给对方，注意有字的一面要朝上。举手的位置要适当，不要一下子伸到对方脸部，保持能让人看清楚的高度即可。

如果你尊重自己的工作，别人也会尊重你的工作。毕竟，只有那些热爱自己工作的人和做自己喜欢工作的人才能成为生活中的成功者。

如何成为左右逢源的健谈者？

同样是在商会活动的那个晚上，我从交换名片中还学到了另一招有效的交流技巧。主办者向我介绍了一位很古板的汽车零件经销商。作为惯例，我递上了自己的名片，对方只扫了一眼就插进了屁股兜里。我暗自想：唉，跟刚才遇到的日本客商比起来，做人的差距怎么这么大呢？这要在东方可是对别人的大不敬啊！

俗话说现学现卖，我正好把刚才学来的东方技巧操练了一把，手上恭敬地拿着对方递过来的名片不放，一边聊还一边低头看上两眼。可惜的是，我们俩的交流无异于鸡同鸭讲，我怎么也弄不明白他说的离合器空滤是个什么东西，而他对我所说的“激励演讲者”[①]的第一反应竟然是车用音响系统的喇叭！看来，我们真的是一个来自金星，一个来自火星。

更不幸的是命运的捉弄。主办方似乎为了调节气氛，硬是把我们凑成一对儿准备来个促膝长谈。可尴尬的是我们俩怎么都找不到共同话题，只好大眼瞪小眼。

---

① 激励演讲者（motivational speaker），这里 speaker 有两种含义，一指演讲者；二指喇叭、扩音器。——译者注

我心里快急死了，这么下去也不是办法啊！灵机一动，我又想起了他的名片。我对着汽车男的名片仔细端详，拼命想找到些可以展开对话的线索。嘿！你别说还真让我发现了。在名片一角，我注意到有个图片，这是个圆乎乎的东西，上面有6个怪里怪气叫不出名的小疙瘩。嗯，这可是个好机会，我连忙奉承道：“哇，好有意思的名片，这是个什么东西呢？”

此言一出，只见对方铁板似的脸居然开始松动，然后竟露出了我前所未见的笑容。“哦！这个嘛，叫分电器盖。”他的回答充满兴奋。哈，看来我的运气确实不错，误打误撞地竟然找到了对方最热衷的话题。

“那它是干什么用的呢？”我马上乘胜追击。是啊，我知道这么问似乎挺逊的，不过这个圆场还不错，无论如何我总算能在对方的滔滔不绝中熬过几分钟，虽然我一句都没弄明白！

小窍门 11

从对方的名片中寻找话题和灵感

当你们的对话出现冷场时，可以看看还握在手中的对方的名片。它能帮助你成功打开谈话局面。即使对方的名片上没有分电器盖之类的有趣图片，你也能找到其他一些线索，比如公司标示、对方职位、企业介绍之类。

小企业主往往会自己设计公司名片，每一张名片中都蕴含了独特的寓意。因此，认真看看这些名片很有可能启发你们展开新的对话。

比如，在不冒犯对方的前提下，你可以问问对方名片上比较怪异的职位都是干什么的。过去几年里，我就靠这一招多次挽救了无法进行下去的对话。我曾经遇到过的弄不明白的职位有“电镀工”、“颅相学者”，还遇到过什么“安装协调员”①，差点儿没让我笑翻！说到我见过的印象最深刻的职位，当属“胜者之王”，真不知道人家究竟是干啥的。

---

① 安装协调员（erection coordinator），这里 erection 有两种含义，一指生理上的勃起；二指安装、装配。——译者注

如何在社交中拥抱他人或避开拥抱?

生活就是这么充满讽刺，我们总是要应付令人讨厌者的拥抱，而面对自己喜欢的人却连个手都拉不到。这倒蛮像施虐者和受虐者转换身份的游戏，拥抱狂对那些躲避狂来说简直像侵犯；而后者的冷漠排斥反过来又会伤害前者的感受。

简单点儿说，“抱还是不抱”已经成了社会交往中的一个尴尬环节，处理不好就会把亲切问候转化为交往风波。我在这里无意挑起两派的争斗，只想给出一些小小建议，帮助你更好地面对和处理这种问题。

拥抱恐惧症人群的自卫方式

看，又是一个双臂大张、带着呲牙咧嘴笑容朝你扑过来的家伙，可怜的你马上要成为下一个受害者了，怎么办？除了假装要打喷嚏，其实你还有其他的防卫方式。你可以视而不见对方的热情举动，伸出右手做上下摇摆状，表现出对握手的极度渴望。不过，话说回来，这种方式还是过于直接，明显能让对方感觉到你在逃避他的拥抱，弄不好可能会让你们的关系急转直下。我的建议是，除非是因为身体不适或是有严重的心理障碍，其他情况下你最好还是挤出点笑容接受对方的拥抱。再怎么说，抱一下也不至于要人命嘛！

给拥抱狂的几个建议

喜欢拥抱他人者多半都是爱热闹、好交际、喜欢身体接触的人。这些人恨不得能长成章鱼那样，一次就能抱住 4 个人不放。他们都认为拥抱是发自心底的握手，不过很不幸的是，并不是所有人都这么想。

“那么，你的意思是我以后不能再拥抱别人吗？”你也许会这样问。

当然不是。我的建议是不要强迫，应该让对方决定见面时是想握手还是想拥抱。如果她对你激情洋溢的动作不感冒，是不会积极做出响应的。这一点从对方的身体语言中很容易就能解读出来，比如，面对你的动作，对方很可能会流露出恐惧的眼神。

如果对方并不介意，那就张开你热情的双臂吧，不过要记住动作别太大，双肘最好老老实实地放在腰际。要是对方坦然接受，她会自动投入你低悬的臂弯。否则，她会抓住你的右手，同时仍旧和你保持一定距离，这个信号你应该很清楚吧——没错，就是要和你握手！不过别泄气，这样做也有好的一面，对方一定会对你的绅士风度颇为感激，你能让她感觉到自己不是那种动不动就激情四射，强拉别人入怀的拥抱狂。

小窍门 12

让对方选择是拥抱还是握手

拥抱爱好者们注意啦！在人际交往中你要学会隐藏自己的动机，伸出双手时只要到达和腰部平行的位置即可。这样可以把主动权交给对方，让他或她决定想要拥抱还是握手。

最后，无论你是哪种人（拥抱爱好者或握手爱好者），我还想再啰嗦一句：别轻易地对谁都付出或接受拥抱。一旦你和某人建立了拥抱式的人际关系，如果中途突然改成握手的话，说好听点儿那会让人困惑，说难听点儿这种做法简直是残忍冷酷。

如何识别虚情假意的拥抱？

除了前面要注意的事项外，有必要提醒大家另外一点。我们在交往中有时会遇到虚情假意式的拥抱，那么该如何加以辨别呢？

你可以想想真诚的拥抱感觉是怎样的。真诚的拥抱是老祖母对外孙的和蔼，是久别的老友重逢时的激动，是夫妻相互庆祝结婚纪念日时的幸福，是年轻恋人表达爱意和欢乐时的美好体验。

“敷衍了事”型拥抱

很不幸的是，生活中还存在着一些虚假式的拥抱。比如展会上同行之间带着满嘴奉承的拥抱（其实压根儿连对方的名字都不清楚）；比如家庭聚会上对不知道哪儿冒出来的远房亲戚的“热情”拥抱；比如平日里总是明争暗斗的员工在公司圣诞节晚会上的拥抱。

通过对比，现在你明白上面两种拥抱的区别了吗？你是否注意到拥抱者身体间的距离有所不同？甚至连他们拥抱的力度也不一样？

这些细节似乎过于琐碎，让人难以充分掌握。那么，我就来告诉你一条最实用的招数，你马上就能判断出对方的拥抱是否真诚。

互拍后背的虚假式拥抱

如果有人貌似热情地伸出双臂拥抱你，可几秒钟之后就改成轻拍你的后背。这就意味着他的拥抱不过是做做样子而已，并不是发自内心的感情流露。这个动作会大大降低拥抱的真诚性，表明对方和你之间的关系还有相当的距离。

不过这个动作也并不总是带有负面意义。如果不知道人际关系之间的具体情况，那就很难做出准确的分析。通常，我们可以在下面几种情况下发现人们采用“拍背式拥抱”。

1. 两位男士：当两位男性要表达友谊，但又不想让对方感到自己喜欢在拥抱时有过多的身体接触，这时他们就会赶紧拍拍对方的后背，意思是“得嘞，老兄，点到为止！”

2. 两位女士：女性之间在拥抱时互相拍后背也能表达出对密切身体接触的不适感。不过在西方文化中，此举倒不像男性之间那样会引起周围对当事人性取向的严重误解。

3. 男士和女士之间：男女之间拥抱时拍后背的情况就稍微复杂一些，可能有 4 种含义。

- 如果两人都喜欢对方，但不存在异性吸引力，他们会马上轻拍对方后背，表明他们的拥抱毫无“性趣”可言。
- 如果其中一方希望能继续深化关系，而另外一方没有此意。那么无意的一方会首先拍对方的后背，表明对对方传来的“信号”没兴趣；然后对方也会通过拍后背表明“好吧，无所谓”。
- 如果彼此都对对方有异性吸引力，但又不喜欢拥抱的方式，就会通过互拍后背的方式缓解这种焦虑感。

- 如果是昔日恋人相遇，通常都会真诚地拥抱。当他们慢慢发现爱情已消退时（或是旁边有现任男友或女友监视时），就会互拍后背表示理解。

小窍门 13

拥抱时不要拍对方后背

你可以视对方要求，选择在拥抱时“战斗到底”还是“速战速决”。不过，千万要记住别主动去拍对方的后背，以免暗示人家你想抽身而退。

反过来，如果对方先拍了你的后背，也不用费尽心思去想为什么。通常，如果对方感觉已经拥抱太久时会很自然地做出这样的动作，意思是“嗯……那个……，差不多得了，还有正事要办哪！”当对方主动拍背表示要结束拥抱时，一定要微笑着配合，可别死缠着对方不放。

当然，说了这么多，我可不想搅了拥抱爱好者们的兴致，让非拥抱爱好者们从此苦尽甘来。我更不想让你对每个拥抱者都疑神疑鬼，还要分析他们是否真诚，甚至于产生拥抱恐惧症。我真正想说的是：在拥抱时要注意人们的不同反应，然后做出相应的举止。

下面，我要告诉大家一个比较安全、不分场合都能适用的拥抱选择。这个动作含义十分微妙，而且不会冒犯对方。它能明确地传达这样的信息：我很想拥抱你一下，但可能这样做会不太合适。

如何婉转地表达喜爱?

在一次晚间聚会上，我正和一位年长的男士聊天，证明“猫有九命”这句老话是错误的。反正我的猫就没那么命大，在一次不幸的事故中，它从六楼窗户坠下一命呜呼。

也许是我的讲述太过伤感，这位男士情不自禁地伸出手，想要拍拍我的肩膀表达同情。但是，他的手只伸出了一半就停了下来，好像突然意识到了什么。就这样，他又把伸出了一半的手轻轻地缩了回去。这让我感到他的本能是想充满爱意地安慰我，但尽管充满同情，他最终还是觉得这一举动似乎不妥。于是，对我的尊重战胜了怜爱，他只好半途又收回了这种表达爱意的方式。

这就是我要和大家分享的第 14 个小窍门：伸出手像是要爱怜地抚摸对方，把手停在半空几秒钟然后再缩回来。这是个很微妙的动作，用得好的话会很有效。你能让对方感到你对他的尊重，表明你不愿用唐突的方式表达自己的感情。

对于恋爱中或希望实现恋爱的男女

先生们，面对你们中意的女性时可以试试这一招。这样做会让她感觉到你的爱意，同时又不会责怪你太直接。不过，切记一点：对女性而言，可以进行“非接触式爱抚”的身体部分仅限于手臂而已；在特殊场合下，最多再包括脸颊。千万可别乱伸手！

对于女士们嘛，这一招同样有效。这个动作可是会勾起对方很丰富的联想哦！

小窍门 14

充满爱意地伸出手（像是抚慰对方），然后再缩回来

只要时机和气氛合适，你都可以在交流中伸出手，仿佛要抚摸对方的手臂，表达喜爱或同情。然后，做出好像突然意识到这样做不合适的表情，把伸出的手撤回来。这时，你已经成功地向对方展示了你的爱意、尊重和得体礼仪。

当需要进行身体接触时

有时候，在交往中我们还要学会积极进行身体接触。在印度，几个世纪以来一直存在着明确的种姓制度，其中等级最为低贱的人被称为达里特人，意思是“不可接触者”。来自上层社会的人士是无论如何都不会和他们有任何接触的。从事销售的达里特人向我诉说了他们的真实感受。顾客买东西时会把钱远远地扔过去，然后他们再从泥土里一枚一枚地扒出来。如果你直接把钱递到对方手中，这个不起眼的动作再加上一个温暖的目光接触，等于向他宣布：“在这一刻，我们的灵魂是相通的！”

如何在职场和情场挥洒自如?

所有人都会精心地调整自己的状态，感受别人在人际交往中的积极程度。特别是在竞争激烈的工作环境中，大家都会留意别人在交流中的活跃性如何。换句话说，就是判断“谁更想积极展开交往？”

举个例子，比如说你是一个销售员，正在向潜力客户进行推销。想象一下，你正满脸堆着笑容，嘴角都快咧到耳朵上，对着客户亲切地说：“哎呀！ ××× 太太，您能大驾光临我实在太荣幸了！”停！打住！你猜对方此时会怎么想?

咦！这小子这么急着卖东西给我？嗯，肯定有什么猫腻！会不会是没达到销售业绩啊？弄不好这产品有水分，我还是悠着点，别上当！

反过来，你还是那个销售员，只不过态度低调很多，只是握了握对方的手，然后不卑不亢地说：“××× 太太，谢谢您光临本店。”你猜对方又会怎么想?

嗯，这家伙看起来对自己的产品挺有自信，说明卖得不错，或许我也该买一个试试。

看来，在商场中，如果你的热情度太高或太低，就会打破和顾客之间的心理平衡。当买卖双方都表现出同等程度的交流欲望时才能快速建立对话基础。

可是，怎样才能掌握这种技巧呢？很简单，你只要记住让对方先开口即可，然后根据对方的意愿强度调整你的应对策略。的确，对于那些天性外向，恨不得遇到个人就跳出来抱住人家大喊“嗨，你好！”的人来说，我知道做到这一点确实很困难。不过在某些工作场合中，内敛一些是很有必要的。

情场大考验

现如今，男女搭讪已经成为了一种斗智斗勇的活动，或者说其本质就是一场竞赛，这实在是让人唏嘘不已。在理想世界里，男人和女人应该是多么自然地相遇、相识和相知，然后在互相交往中幸福地体验自信、友好和欢乐。不幸的是，这不过是个幻想。人类自打感受到浪漫情事的那一刻起，心脏和大脑就不再清醒，纵身投入到热烈盲目的追逐游戏中去。

各位先生，我们可以来假设一下，你碰到了一个非常吸引你的女人。怎么表白呢？你急得好像热锅上的蚂蚁一样团团转。终于，你整了整领带，缩起小腹冒充型男，准备展开攻势。你刚一开口：“嗨，我叫……”没等你说完，只见对方懒洋洋地瞟了你一眼，鼻孔里发出轻蔑的一哼，转头就把你给晾那儿了！那神情，简直把你当成了肩上的一粒头屑！

情况如果反过来呢？结果恐怕也不会好到哪里去。比如你又碰到了一个绝色佳丽，还是相同的场景，你走上前去兴奋地说：“嗨，我叫……”没想到对方竟然拿出双倍的热情，几乎是哽咽着对你说：“啊！太好了，我一直都在期待着你的出现！我太兴奋了！好激动哦！”

天呐，她是想男人想疯了还是怎么了？

如果对方表现出“遇到你是我一生中最激动的事”，不用说，那肯定是在奉承你。可是，要是对方一下子显示出过度热情，你反而会暗自思忖：她到底想干什么？或是猜测：**呦嗬！这架势不对啊！不会是人见人逃的花痴女吧？！**有意思的是，这很像格劳乔·马克斯[①]一句自我嘲讽的名言：“凡是接受我这种人做会员的俱乐部，打死我也不参加！”言下之意就是，凡是拼命想和我套近乎的女人，打死我也不上当！

小窍门 15

让对方先表达情绪，然后再加以配合

英语里有句老话叫“穿衣要光鲜，但别喧宾夺主”，稍加改动即可用于人际交往，即，说话要热情，但别吓跑听众。

当然，出于战术需要，有时候你也要学会克制表达的热情，在交流中把语速和声音降低下来，这样反而会有出人意料的好效果。

幸好，上面所说的策略并不需要在广义的社交场合当中应用，否则岂不是要费尽心思去揣摩对方的心理？因此你可以在交往新朋友时大胆地表现你的活跃热情，不必过分要弄那些小花招。

在我的研讨会上，有些学员说不敢面对权威人士，或是碰到重要的社交场合就胆怯。下面一条建议肯定不是针对所有人的交往而设计的，但掌握它能让你在遇到相似情况时应付自如。

---

① 格劳乔·马克斯（Groucho Marx）：好莱坞著名喜剧演员。——译者注

如何跟大人物打招呼?

平日里，当有人对你说“来认识一下，这位是某某”时，大多数人会发出“你好”或“嗨”之类的回应；也有人喜欢随意一点，应付一声“嘿，老兄”或是干脆“哎”上一声。

我可不是说这样说不对，毕竟那些文绉绉的正式问候总让人觉得太做作，甚至有几分傲慢。不过我要在第 16 个小窍门里讲的是如何和高层人士打招呼（也包括那些自命不凡的家伙），因此还真有必要研究一下该怎么表达问候。

让你的问候听起来更有品位

如今，没几个人打招呼时还会一字不漏地说完整个句子。一般我们听到的都是“认识你很高兴”或是“认识你太好了”。不过这些只言片语在小学语法考试中可是要吃零蛋的，老师一定会指着你恶狠狠地说：“你这叫句子吗？主语呢？动词呢？”

要想在正式场合给人留下好印象，你还真得这么做！老老实实地把整个句子讲出来，包括主谓宾，没准还要加点形容词或介词进去。对于初学者，可以说：“认识你我感到很高兴。”要是讲溜了，再来个

升级版："能认识你我实是在太高兴了。"

"能认识你是一件多么令人高兴的事啊"是个完整的句子，只不过"高兴"这个俗词儿恐怕入不了作家艾米莉·波斯特[①]那高雅的法眼。说到她，那可是矫揉造作者的流行圣母，学会她的言行绝对能让你在上流社会交际圈如鱼得水。要是有位女士对你说"你好"[②]，这可不是句问话，你要是回一句"还行"，可就让人啼笑皆非了。这时，你只要重复对方的话即可，当然语调和重音要正确，别弄成了疑问句！

小窍门 16

问候别人时把话说完整

在正式场合中和高层人士打招呼时，一定要注意你的言行，有时甚至连一句话中的停顿和语气不同也会有影响。尽量把句子说完整，这样可以让别人觉得你有修养。

好了，还要再重申一遍，我在这儿可不是鼓吹咬文嚼字，也不是宣扬艾米莉·波斯特的礼仪学。要知道，艾米莉早在 1960 年就去世了，她的很多观点也早已过时了。

---

① 艾米莉·波斯特（Emily Post），美国女作家，著有多部关于礼仪的书籍，被誉为"美国礼仪皇后"。——译者注

② 你好（How do you do），英文中陌生人初次见面时问候的礼貌用语，意思是"你好，认识你很高兴"，用于比较正式的场合。——译者注

磨练出言行

每天早上，无论你身在何处都会跟人打招呼，当然，无非都是“早上好”之类的表达。如果你明天早上醒来对自己说：“今天我想体会一下受人尊敬的感觉。”那么，你该怎么办？

小事一桩！要想打招呼时让人觉得你更专业、更有品位，只需完整地讲出“早上好”或“晚上好”就行，根本不用费脑筋！

唉，你说要是人际交往之道都是这么简单该多好！

如何寻找机会和重要人物打交道?

我觉得很有必要给这个章节再加个标题，就叫“人人都视而不见的小窍门”。因为大家都知道去一个挤满人的房间里找人时该怎么做。可是，在我多年的演讲工作中，还真没发现有几个人能按照这个小窍门去做。

因为关系密切的人总是在会议中坐在一起，因此这个小窍门仅适用于那些单独参加会议的人士。在会场中，假设第一个进来的人坐在末排右端；第二个进来的人坐在首排左端；第三个坐在末排左端……依次类推，保证每个座位离其他参会者的距离都尽可能最远，直到所有座位被坐满。

在会议中场休息时，我常常发现下面的某位男士会目不转睛地盯着会场另一头的某位女士，有时也会有相反的情况出现。我的第一感觉就是：天啊！除非他们当中有一方具备极度的乐观和自信上前攀谈，否则他们俩铁定没戏！大家想想看，他们要是能坐在对方身边的话，恐怕早就擦出爱情火花啦！

在公司活动中也是一样，员工肯定了解坐在公司头头旁边的好处。但奇怪的是，我从没见过有哪位与会者提前 10 分钟入场，看准别人的位置后再选择自己的座位。

我的建议是：无论参加什么活动，尽量赶在第一时间到达现场。但是先别忙着找座位，站在一边注意观察其他人。找到你的目标之后，你要像玩抢座位游戏一样，马上冲过去坐到对方身旁，这样就很有可能结识你的意中人！

小窍门 17

把握先机，观察目标位置

参加活动时，如果你想找人结对搭伴儿，记住要早到一会儿，在附近仔细观察目标。一旦发现合适对象，就毫不犹豫地对号入座。（不对，是入人家旁边的座位！）

另外，观察点的选择也很重要，不同的观察点会直接影响你的搜索结果。

在前面的 17 个小窍门中，我介绍了许多内容，从如何建立良好的目光接触一直到如何成功展现自我。应用这些小窍门能让你在别人心目中树立良好的第一印象，但怎么保证这种印象能持久如新呢？答案就在下一节。

如何留下良好的告别印象?

你正在人事部会议室里紧张地来回踱步，这是你梦寐以求的公司，再过一会儿就该你面试了。

很快，你等到了前台的通知：“人事部经理塞缪尔女士要见您。”你清清嗓子，把头发拢了一下，紧张而又兴奋地谢过前台小姐，心里七上八下没有一点谱。

当你走进经理办公室时，塞缪尔女士起身迎接你，脸上挂满微笑对你说：“欢迎来到本公司，请坐。”她回到那张巨大的办公桌后，接着说道：“我已经看了你的简历，早就想和你面谈了。”

哇！这番话让你的信心指数激增，你马上一扫紧张情绪，话语也变得轻快了许多。你准确地回答她的每个问题，看得出，她的确对你印象深刻。

你简直感到有些飘飘然了。

可是就在面谈结束时，对方的笑容戛然而止。经理大人并没有起身送你出门，而是忙着整理桌上的文件，嘴里只是咕哝了一句：“谢谢你来面试，再见。”说话的时候语调平淡，甚至都没抬头看你一眼。

这个结果可不在你的意料之中，你开始觉得有点发懵：难道我做错了什么？怎么一开始那么热情，现在却判若两人？

开车回到家里，你的脑子里还在回顾面试的场景，整个人完全处于失魂落魄的状态中。

深夜降临，你仍在床上辗转反侧，搞不明白到底是什么原因弄砸了一切。这种懊恼的感觉实在是太折磨人了！

难道是经理大人故意让你感到受挫吗？当然不会。

也许她是工作太多了吧？或者她急着要打一个重要电话？可能……大概……没准……恐怕……似乎……唉，想来想去，什么都有可能。但有一件事是确定无疑的：塞缪尔女士肯定不是大猫，即驭人高手！

我在前文已经解释过情绪预测，即了解自己的情况、周围的环境、当前的形势以及他人的感受。大猫们总是能在这四个方面努力保持平衡。

很明显，塞缪尔女士在这几个方面做得都不够。

1. 了解自己。她对双方的角色不敏感，没有意识到在你心目中，她是掌握生杀大权的决定者。

2. 了解周围环境。她没有意识到自己坐在宽大的办公桌后面谈话会令对方感到畏缩。对面试人情绪敏感的经理会拉过椅子坐在你面前交流，中间没有任何障碍。

3. 了解当前形势。没错，她当然知道自己在面试你能否得到这份工作，但也仅此而已。大猫们则能体会到这个场合对你来说有多重要，他们很清楚自己的一举一动有何影响，也清楚你会怎样加以解读。

4. 了解他人感受。这是塞缪尔女士最失败的地方。面对你在面试中传递出的各种信号，她完全没有反应。对于你开始的紧张，以及后来她自己的微笑帮助你打消了焦虑情绪，她对这些显而易见的情况根本毫无察觉。当你流利地回答问题时，她没有发现你的自信；而当你为她冷冰冰的“再见”感到失望时，她仍然没有丝毫反应。如果她能有那么一丁点儿情绪预测能力的话，恐怕那句“再见”都不会那么刺耳，至少也能让你安心离去，而不至于心烦意乱上好几天。而大猫们要比她精明得多，知道如何才能让对方树立信心和良好感受。这样，哪怕最后面试者没有得到工作也会心怀感激。

为什么人们总是关注第一印象而忽略告别印象？

不知道大家是否听说过冯·雷斯托夫效应，也叫孤立效应。海德薇格·冯·雷斯托夫是一位德国医生和心理学家，他证明在一长串事物中，人们总是对最后一项印象最深刻。因此，告别印象可以说和第一印象一样令人难忘。说到这一招，老练的辩护律师们体会最深刻，他们总是把最关键的辩护留到最后一庭，这样往往能最后决定杀人犯是无罪释放还是被送上电椅。

演讲者常常会为构思一个完美结局而茶饭不思好几天。他们的目的很明确，就是要在最后的关键时刻征服观众，赢得他们雷鸣般的掌声。

从他们身上，我们不难得到一些启发。因此，当你在告别时，一定要充满激情，要像给别人留下第一印象时那样努力。请牢记这一点，无论是经营友情还是事业关系，说“再见”时一定要和初次见面说“你好”时一样令人印象深刻。在我看来，它甚至应该比第一印象更深刻才行！

正如在前面的面试中申请人希望面试官能从始至终地保持热情态度一样，我们也希望在离开后，别人依然喜欢我们。如果和朋友分离很久之后，你们之间的话语不再像往日一样热情，那很有可能是因为你在离别时留下的告别印象不佳。

小窍门 18 的由来

如何给他人留下良好的告别印象，这个小窍门是我亲身体会所得。

每次我到外地出差，好友菲尔 · 派瑞都会和我煲电话粥。我常常在旅行途中给他打电话，很喜欢他的各种问候：“嗨，莉儿！听到你的声音真高兴！”“你还好吗？旅途是否顺利？”这些话语充满了温暖、鼓励和友情。

可是，每当我们准备结束通话时，他的热情突然直线下降，一下子消失得无影无踪。他总是轻描淡写地来一句：“就这样，回见！”然后就啪的一声把电话给挂了。其实他完全可以先说一句“挂电话了啊！”这样我好歹也能有个心理准备。这种做法实在和前面的面试经理没什么两样。尽管他们本意都并非如此，但这种虎头蛇尾的印象实在是让人扫兴。而且他们居然还完全蒙在鼓里，对你的糟糕感受一无所知。

相比之下，描述自己的快乐感受就要好得多。你可以当面或是通过电话、电子邮件（这部分将在第 9 章详细说明）回忆那些美好时光，这样能为你的告别演说增色不少。另外，别忘了说出对方的姓名，让对方也产生身临其境的感觉。下面是供读者参考的几个小例子。

当你和某人结束聊天时可以这样道别：

玛瑞索，认识你真好！

吉恩，我要谢谢约书亚介绍我们互相认识！

当你在街头或聚会上遇到朋友或熟人时：

瑞妮，没想到我们又见面了，真好！

哇！布兰登，又见面了，你还好吗？

当会议结束时：

塔妮娅，跟你交谈很愉快！

当谈话结束要挂电话时：

加布里埃尔，很高兴和你通话！希望你旅途愉快，一切顺利！

顺便提一下，自从我同意在本书中使用菲尔的名字后，这家伙总算开窍了，现在也知道打完电话后给我来个热情的“再见”了！

小窍门 18

让你的“再见”像“你好”一样精彩

下次你结识某人时，想办法留意自己说“你好”时的热情程度。等到与对方分别时，把自己的热情程度再稍微提高一些。要是有机会的话，别忘了和对方一起回顾你们相处时的快乐时光。

积极热情的告别恰似寒夜里令人温暖的亲吻，而懒洋洋无精打采的再见则让人感觉像迎头浇下一盆冷水般浑身不舒服！

Part 3

教你舌灿莲花的 12 个小窍门

只要对方喜欢，你可以起个绰号来表示恭维，这样能让对方更好地记住你，或者至少能博得双方一笑。不过，绰号一定要能激发对方的自尊和自豪感。

如何和刚认识的人进行攀谈？

善于攀谈的人就像希腊神话里的迈达斯[1]一样拥有神奇的力量，和陌生人刚刚认识就能毫不费力地展开热情交流，打过招呼就亲热到无话不谈的地步。他们最让人佩服的本领就是能和生活中的各种人快速实现交流，这些人包括销售员、售票员、出租车司机、接线员，甚至是一起搭乘电梯的乘客。把陌生变成熟悉是成为交际高手非常重要的第一步，如果你能成功做到这一点，就已经具备健谈者的素质了。

“可是遇到陌生人我该说什么啊？”你这样问。

精神病专家都有一个让人讨厌的毛病，就是每次都用提问来回答别人的问题。现在我就冒充一回专家，对于刚才的问题，我的回答是反问：“大家最喜欢的话题会是什么呢？”

没错，最好的话题就是他们自己。可你已经知道了，于是继续问道：“不过，我不认识人家啊！我总不能上去就说‘嗨，跟我聊聊你自己吧’。”

这倒不假，不过听完下面这个小故事，你就会明白该怎么做了。

---

① 迈达斯（Midas），希腊神话中弗利治亚的国王，可以把手指接触到的任何东西都变成金子。——译者注

在这个故事里，一个完全陌生的人能在不到一小时的时间里，把我灰暗郁闷的坏情绪一扫而空，并与我成为亲密的聊友。为此，我要特别感谢这位身在远方的朋友谢丽尔 · 孟斯特罗姆，是她让我成功发现了下面这个小窍门。利用这个小窍门，你可以随时随地与任何人展开交流！

怎样让心情郁闷的陌生人变成无话不谈的聊友?

5 年前一个寒冷刺骨的凌晨，我要赶飞机从纽约到凤凰城参加演讲。可怜的我早上 4 点就被疯狂的闹钟折磨醒，真恨不得抓起它一把扔到窗外，想想可能会砸到路人张三李四，终于还是压着怒火打消了这个念头。

在机场吃早餐已经来不及了，飞机上的“美食”就更别提了，看一眼都觉得欲哭无泪。我身边坐着一个年轻妈妈，那孩子也不知怎么了，一路上都嚎哭不止，想睡觉肯定是不可能了。不一会儿，空姐送来了零食，每人一包花生。看着那不到巴掌大的包装，连饿带气，我真恨不得把那孩子的一大罐杏子泥抢过来！

中途换机时，由于转机楼太远，我不得不狂奔 1000 米。等我气喘吁吁地登上飞机，却接到通知：由于机翼除冰起飞要推迟一小时。好不容易等到起飞，望眼欲穿中空姐热情地拿来了一大包食品，但等我接过来一看，居然是给乘客用的呕吐袋！我马上开始头冒金星！唉，这叫一个郁闷啊！

抵达目的地

跟往常一样，活动组织方已经早早地来到机场接机。平时来接机的人第一句都会问“旅途是否顺利”，然后向我介绍整个活动的计划安排。

可这次不同，来迎接我的是来自芬纳摩·克雷格律师事务所的谢丽尔。这是我们第一次见面，之前我和她只有过几次电话交流。谢丽尔问我：“今天起那么早，你肯定累坏了吧？你的闹钟定的是几点啊？”然后，她问我在机场有没有吃早饭，飞机上都提供了什么食品。在我们往停车场走的过程中，她还问了好多小问题，比如：“你在芝加哥换机时登机口是否已经关闭啦？”“飞行稳定吗，有没有遇到气流？”“在飞机上睡得怎么样？”，等等。

这些问题让我感觉她似乎对我的整个糟糕旅途十分清楚。她是怎样知道我在机场的狂奔呢？又是怎样感受到我在脱鞋接受安检时恨不得砸保安出气的恶劣心情呢？

后来我才得知，谢丽尔细心关注的问题完全是根据 3 个简单的事实推断出来的，即：我要乘坐很早的班机，我要在漫天风雪的芝加哥换机，以及我的班机误点一个小时。这种敏锐的感知能力实在是让我大大地吃了一惊。她就是根据这些情况预测到了我在整个旅程中的辛苦以及一下飞机就急于发泄郁闷之情的心理。谢丽尔简直把情绪预测的功能发挥到了无与伦比的地步，这让我马上拉近了跟她之间的距离。

反过来想，如果谢丽尔在送我去酒店的路上没和我聊这些看似跟她无关的问题，估计我还是拉着一副长脸，闷闷不乐地停留在对整个旅程的糟糕回忆中。而实际上，经过她一路充满关心的问候，等到达酒店时我们已经成了谈笑风生的好友，之前所有笼罩在我头上的阴郁烦躁全被一扫而空。我甚至觉得，要是她们公司同意的话，能和她聊上一整天该多好！

当我们对彼此非常熟悉之后，我专门因为这件事向她表达了谢意。谢丽尔告诉我："莉儿，其实你在给我们发活动调查问卷时考虑得也十分体贴周详啊。"她说的问卷是演讲人在活动之前发给客户的一些问题，目的是为了更好地熟悉对方的情况。我的问卷中有个很关键的问题就是："与会者参与活动之前的心情如何？"很明显，这种情绪预测对于顺利开展我的演讲有着很大的帮助。

那次活动之后，虽然我再也没和千里之外的谢丽尔见过面，但我们却一直通过电话或电邮保持着密切的联系。

顺利展开攀谈的绝招

人们常说：离得越近的东西看起来越大。实际上，这种感觉不但适用于观察物体，也适用于人的体验。我的第 19 个小窍门就是根据这个定律总结出来的。比如，我一点儿都不觉得谢丽尔对闹钟和登机口这种小问题问来问去是在没话找话；正相反，这些看似没多大意义的闲聊对我来说却至关重要，因为她帮助我轻松卸下了情绪上的沉重包袱。

这就是我要说的如何展开有趣话题的方法，至少对你的交流伙伴来说是个有意思的话题。当你和某人初次见面时，几乎对他一无所知。不过，只要稍加注意你就能了解到对方生活中的一些琐事和细节。比如，你可以在聚会上问对方住在哪里；要是住得远，可以问问他怎么开车来的。其他相关的问题还有："路上是否塞车？""走的是高速还是省道？""路上限速多少公里？"……

也许听起来有点儿傻气，不过这些问题对他来说却可能很重要，因为开车过来这件事刚刚发生过，在他大脑里印象还很活跃。这就印证了前面说的那句话：发生时间越近的事，感受也就越强烈。

要是你过了一天再问对方什么塞车啊限速啊之类的问题，他肯定会觉得无关紧要甚至有点儿奇怪。而眼下这些无疑是你展开话题的最好切入点。

询问对方过去几小时的经历能很好地打开话匣子，在此基础上话题会很自然地建立和发展下去。谈话时要注意搜集任何有用的信息，只要你善于分析，很快就能从中得到更多丰富交谈的“素材”。

对熟悉的朋友也适用

又是一个周三，你的朋友很清楚自己今天早上几点起床，工作中处理了哪些问题，午餐到哪里吃、吃什么以及和谁一起吃等诸如此类的小细节。

不过对于她的其他朋友（包括你）来说，这些可绝对都是谜——能在你们聚会时发挥重要作用的谜。只要你问起这些琐事，她一定乐意和大家分享。可是，千万要记住，如果你到了周四还去问昨天的事，她早就忘光了，你的问题就会显得愚蠢可笑。可见，“打铁要趁热”这句老话同样适用于和人聊天。而且，这个小窍门不只适用于打开陌生人的话匣子，同样也能用于喜欢闲拉家常的好友。聊聊新伙伴的琐事也能很好地巩固你和朋友们的密切关系。

当我发现这个小技巧在熟人和朋友身上屡试不爽之后，就很想试试看它对于关系更近的人是否同样有效，比如家人或生活在一起的人。

在纽约，因为负担不起离谱的房价，很多人都会选择合租公寓。我就有一个合租房屋的男性朋友，他叫菲尔·派瑞。我喜欢叫他“柏拉图式男室友”，他说我们是“毫无利益冲突的君子之交”，反正意思都差不多！

菲尔喜欢每个周日早上在城市里散步，而每次他一散步回来，我都会问上一堆看似超级无聊的细节，比如：“今天气温怎么样？”“街上是冷冷清清还是人满为患？”“开门的商店多不多？”“路上有没有吃早餐？在哪儿吃的？吃了什么？”……

菲尔挺喜欢我这些问题，每次都会滔滔不绝地跟我聊上好一会儿，后来甚至到了我想聊点儿别的都不行的地步！

小窍门 19

询问别人过去几小时的经历

要想成功和某人（包括新、老朋友）展开交谈，你可以问问对方今天过得怎么样，最好是问她过去五六个小时的情况。尽可能多抓住些细节来问对方。这些问题对你来说也许没多大意思，但由于印象深刻，对方会很乐意跟你分享。记住每个问题都有一定的“保鲜期”，所以要“趁热”沟通。

方法虽然简单，但运用得好收获就会非常巨大，不信你就试试！

如何与陌生人建立友谊?

和某人初识之后，如果你有机会经常和对方相处，友谊当然很自然地就能建立起来。可如今的社会生活节奏太快，大家似乎都没有太多时间拿来闲聊或拍拖，因此如何与感兴趣的人深化关系也成了一个问题。比如你出去公干，在某公司前台和接待小姐聊了几句感觉挺好，或是在一个聚会上认识了某公司搞技术的帅哥。这些美妙的开始经常会在我们的生活中上演，可此后你想再联系对方却机会渺茫。的确，如何把一面之缘发展成好朋友是件挺让人伤脑筋的事。不过只要你计划周密，下面的小技巧肯定能帮你实现愿望。

初遇某人，你可以随便挑个话题和对方展开对话，为后面的行动做好铺垫。比方说，你可以向对方询问附近餐厅的特色菜、行车路线，或是到什么地方购物好。然后进一步发展，问她喜欢看什么电影，或是听听他的建议如何选购电脑。尽量从对方能帮助到自己的方面入手，这样后面才能“有机可乘”。

寻求对方的建议有两个好处，你有可能不小心“忘记”了她推荐的电影，因此有机会一起重温一遍。同样，如果你接受了他选购电脑的建议，下次就有机会请教他到哪儿去购买。

接下来，你要找个说得通的理由来“三顾茅庐”。看完电影或买过电脑后，你可以打电话感谢一下对方的建议。如果只是在公司前台和对方有过一面之缘，那更好啊！你可以“顺便”拜访一下，当面谢过人家。

可见，成功结识朋友的关键在于后续的联系，这些看似小小的沟通能顺利地让你们从彼此陌生升级到相互熟悉。恭喜你，有了这些基础，现在你可以继续努力，让对方成为你的好友啦！

小窍门 20

精心设计你的话题，为后续联系做铺垫

在初识某人时，尽量找些能够“发展”下去的话题，为你们再见面打好基础。接着，你可以联系对方了解进一步的建议或信息。只要和你的话题有关系，你就能找机会多次联络对方。彼此熟悉之后，你们就会逐渐建立友情。

下一步要怎么做？

如果想继续深化关系，你可以在第二次或第三次交谈时让对方聊聊自己的兴趣爱好，然后找个适当机会邀请他一起参与这些活动。比如说，他是否喜欢欣赏歌剧？她是否爱吃印度美食？他是否喜欢观看恐怖电影？经过几次小小的电话交流，你就可以名正言顺地向对方发出邀请了。

如果能让你们后续的活动和最初相识时聊过的话题保持关联就更

好了。前台小姐不是告诉过你她喜欢电影吗？这可是请她看大片的好机会。买电脑时搞技术的帅哥不是帮你出谋划策吗？你可以“碰巧”弄两张票请他参观科技展，那他肯定不会拒绝。

顺便提一下，本书着重讲的可不是恋爱大法。想要更好地了解这方面的建议，请参考我的另一本书《如何让你爱的人爱上你》（*How to Make Anyone Fall in Love with You*）。下面，我们还是接着来谈交友之道吧。

从陌生到熟悉的小窍门

诺亚·韦伯斯特[1]（就是那个编词典的老兄）虽然厉害，但肯定不知道如今每个美国人都认识的一个词，至少这个词在美国东北部流行得很。它源于日耳曼语系，说起来历史也颇为久远。

嘿嘿，好奇了吧？好，不卖关子，这个词就是 schtick（按照使用者地理分布和宗教信仰的不同，也被拼做 stich、stitch、stitch 等），意思是“小幽默、小滑稽、抖包袱”，经常用来指演员的搞笑手段。当然，我这里指的不是滑稽演员的杂技功夫，比如在手指上转盘子或是把硬币从耳朵里变出来。我说的是一种更微妙的口头幽默，它能让听者微笑，感到放松，从而很快对你产生好感。

在生活中，我们每天要接触很多从事服务行业的人，像咖啡馆的收银员或是餐厅的服务员。这些从事服务行业的人工作非常辛苦，往往会感到工作枯燥而且不受人们重视。

下面我要告诉大家一个小方法，它不但能让这些服务员感觉生活

① 诺亚·韦伯斯特（Noah Webster，1758—1843），美国著名词典编纂家，编写了《美国英语词典》。——译者注

丰富精彩，还能让你锻炼自己的交际大法。这个方法就是给他们起风趣的绰号。风趣绰号其实就是恭维性的绰号，要根据你和对方相处时的美好感受来命名。

要是你知道意大利语里描述“漂亮”的词是“bella”，而你常去的那家咖啡馆的收银员恰好是个祖籍意大利的美女，那么下次碰到人家休班时就来句“Ciao, bella”（嗨，美女好），相信你一定会给她带来一整天的好心情。

每次去塔可钟[1]餐厅，你都喜欢点一份牛肉玉米煎饼，里面夹上节日奶酪薯条。哇，那味道真是棒极了！如果有一次你刚跨进店门，服务员正好准备好一份你的最爱，不妨给他起个绰号“克雷斯金”[2]。

我也给私人医生的秘书小姐起过绰号。事情是这样的，有一次我突然背疼得厉害，于是就打电话找卡特大夫。接电话的是她的秘书卡米耶·马兹奥蒂，听完我的描述后，她很专业地问了我几个问题。

然后卡米耶对我说：“好的，莉儿。医生现在不在，她出诊去了。我可以让她回头打电话给你。不过，如果你愿意，我也能帮你先想想办法。你看行吗？”

“那好啊，卡米耶。”我听从了她的建议，背疼的情况马上得到了好转。于是一个小绰号就在我们之间诞生了，每次我和她说话时都叫她“卡米耶大夫”。我知道她肯定喜欢这种恭维式的表达，而我也乐得能让对方开心。

---

① 塔可钟（Taco Bell），一家墨西哥风味连锁餐厅。——译者注

② 克雷斯金（Kreskin），被誉为“神奇的克雷斯金”，是美国 20 世纪 70 年代名噪一时的心灵感应大师。——编者注

这一招对我有用吗？

瞧你说的！这本书里的小窍门都是用来提升交往对象的自尊意识的，给对方起绰号带来的好处可不能小看！

想想看，有一天你到那家咖啡馆享用美食。“哎呀！怎么今天没带钱包？”不要紧，你奉承过的意大利美女招待肯定会放你一马。说不定连以后都不用付费了，嘿嘿！

某一天你来到塔可钟餐厅。嗬！里面人满得都赶上下饺子了！别犯愁，你的“克雷斯金”大师可能已经额外准备了你要点的东西，你甚至连队都不用排了。

还有呢，每次我甜甜地喊上几声“卡米耶大夫”，你猜怎么着？无论医生的日程有多满，她总能帮我找到合适的约见时间，够厉害吧！

该怎么称呼朋友？

首先要知道，世界上并不只是英国人才喜欢对自己的名号斤斤计较，实际上每个人都喜欢戴高帽子。比方说，你的朋友帕特里克经常教你一些东西，可以叫他“教授”；你的朋友斯蒂凡妮喜欢帮别人，就叫她“小天使”好了。

如何形象地描述对方的品性呢？朋友约翰的绰号可以是“约翰爵士”（保守古板）、“约翰老爹”（和蔼亲切）、“约翰王子”（热情高贵）、“约翰大师”（智慧圆滑）或“约翰船长”（果敢坚毅）。

女性朋友嘛，比方说琳达，可以叫“淑女琳达”（贤淑达理）、“上尉琳达”（雷厉风行）、“琳达小妹”（亲切可爱）或“琳达公主”（温婉华贵）。

所以，绰号可以有千千万，只要你想象力够丰富，就不怕找不到

贴切的词，不过可别太雷人哦！

小窍门 21

起个轻松的小绰号

只要对方喜欢，你可以起个绰号来表示恭维。这样能让对方更好地记住你，或者至少能博得双方一笑。但起绰号时有一条要注意的原则，就是一定要能激发对方的自尊和自豪感。

如何迅速展开或加入对话?

我有个邻居，每次要出门办些杂事时都会把她 12 岁的女儿凯莉放到我家。

凯莉是个挺可爱的小姑娘，只不过不怎么爱说话，跟她的年龄似乎不太相符。一天下午，她向我抱怨说自己不得不参加一个只让女孩儿参加的生日聚会。

“凯莉，你为什么不想参加呢？”我问她。

“我也不清楚。我是说，我去了也不知道该说什么。”

“那你觉得女孩子们都喜欢讨论什么呢？”

“不知道。”

“好好想想，凯莉。比如说学校里有什么让她们感兴趣的事发生吗？”

“嗯，还真有件事。学校说要让男生和女生一起上体育课，而以前都是分开上的。”

“那你觉得这个主意怎么样？”

“一点儿也不好。”

“为什么？”

“因为男生的体育比女生好，一起上体育课对我们不公平。”

“还有别的原因吗？”我继续问。

“还有，班里有个跟我很好的男生。我不想让他看见我穿体操服的样子，难看死了，我的腿太细了。”

呵呵！姜还是老的辣，我终于把这小丫头的真正想法给套出来了。

后来，她还是去参加了聚会。当我问起她感觉怎么样，她说简直太棒了，然后滔滔不绝地向我讲起女生们对“体操服”事件的各种讨论。

我对她微微一笑，感觉很得意，因为我在第一时间帮助凯莉明白了该说什么，以及她自己的态度和观点。

学会确定自己的观点

很多人都觉得，只要能了解大家讨论的情况或事情经过就能在交流中跟上大家的步伐。大错特错！对话并不是像新闻播报那样读稿子，你必须对每个观点提出自己的看法，这样才能跟上大家的节奏，吸引别人的注意力。

不知你有没有接触过新闻稿，它是专门针对某个问题写成的小文章。没有它，政客们面对大众时恐怕连一句像样的话都说不好。

经纪人会写新闻稿为吸毒的明星开脱，为私生活混乱的大腕儿树立好形象，或是教运动员如何度过兴奋剂危机。多好的策略！我们干吗不尝试一下？

交谈时，不要等到大家提出话题再去琢磨自己的看法。实际上，等你想好要说什么时，别人也许已经换了好几个话题了。

跟朋友聊天之前，你可以读读当天报纸上的头条新闻，想想最近看过的大片或热门电视剧。你的聊友们都喜欢谈论哪种人呢？是体育明星、影视红人还是政府官员？你可以仔细想想这些话题，聊天之前给自己打打“腹稿”。

小窍门 22

想想大家可能讨论的话题，确定自己要表达的观点

在工作中我们都会提前做计划，其实在人际交往中这样做也很重要。试着列张单子，在上面写满大家喜欢讨论的话题。你还可以假设自己正在参加脱口秀节目，下面有无数观众在注视你。只有经过精心准备，你才能让大家心悦诚服。

提前准备观点还有另一个好处：当你把注意力集中到大家的讨论上时，会发现自己在表述时更有激情。这样能有效激发你对某个话题的讨论，这也正是成为健谈者的重要特征之一。

当一群人一起交流时，七嘴八舌中很难抢到说话的机会。健谈者不但能轻易地跟上众人谈话的节奏，而且还能找到恰当时机表明自己的观点。下一个小窍门我们就来讨论一下这方面的问题。

如何在你来我往的谈话中表达自己?

相信大家都知道这件事。几年前，影星安吉丽娜·朱莉、布拉德·皮特和珍妮佛 · 安妮斯顿的三角恋正闹得满城风雨，大报小报都登满了关于他们的各种消息。为体谅对娱乐圈不感冒的读者，有必要做一下背景介绍。其实很简单，就是皮特甩了小安，另投性感朱莉的怀抱。尽管各种媒体都在对此大肆报道，我们这些市井小民每次聚到一起还是免不了要好好八卦一番。

小安和皮特在一起时，大家都觉得没什么，这个世界看起来还正常。可当猜测变成令人难以接受的事实——两人终于分道扬镳，有关他们三人的话题马上就开始升温。

话匣子一打开大家就会兴致盎然，七嘴八舌互不相让。不过这种朋友间快言快语的交流倒也给我们平添了不少乐子。

这时，佩特拉——一位刚加入我们这个小圈子不久的朋友——开口说："珍妮佛其实应该……"但没等她说完，有人立刻插进来大谈了一通自己的看法。停了一下，佩特拉又说道："珍妮佛其实应该……"唉，真不幸，这次又没说完就让人抢走了发言权。差不多一分钟之后，佩特拉第三次开口："珍妮佛其实应该……"

听到她连续三次完全相同的表达，大家终于突然发觉，我们正在不停地打断她。同样，这种做法也让我们觉得，她好像根本没跟上我们谈话的进度，只是停留在自己的世界里，用完全相同的话证明自己的存在。于是，大家不约而同地停下来等待她发表自己的高见，刚才热烈兴奋的场面一下子变得鸦雀无声，气氛好不尴尬。

其实，佩特拉也没有什么石破天惊的观点。赶巧的是，我们这帮人竟没有一个及时观察到她急于表达自己的心情。结果当她说完之后，大家仍礼貌地继续等待，生怕她还没说完自己又急着插嘴。经过这个小插曲之后，大伙儿才又重拾刚才的谈笑风生。

佩特拉的做法其实是一种双“输”的局面。因为她每次都用同样的开头表达自己的观点，大家当然会觉得她老是纠缠在同一个问题上，没什么新鲜的看法。而且，这样还会让大家为打断她说话而感到内疚。说白了，她的问题就在于：每次说同样的话，破坏了一群人在沟通时你来我往的思想交换。

请各位不要误解，我不是在这里为打断别人讲话而辩解。在别人说话时插嘴肯定是失敬、无礼和让人讨厌的行为。但出色的谈话者更注重的是交流，即你一句我一句的沟通。这就好像演奏音乐时需要有不同节拍一样，既要有沉稳深思的叙述，也要有热情激烈的讨论。就那天晚上的闲聊来说，打断别人的话其实算不上什么太大的过错。

怎样表达自己观点的同时又不失颜面?

佩特拉的问题在于每次都用相同的开头表达自己的看法，这样会让人以为她老停留在同一个问题上而不是跟着大家的思路一起前进。不过，只要把自己要说的话稍加变换，她就能成功地表达自己，而且不会遭到大家的排斥。

比如，第二次说话时，她可以这样表达：

“虽然很多人都有不同看法，可我觉得珍妮佛其实应该……”

“考虑到当前的情况，你不觉得珍妮佛其实应该……”

“我知道那些小报都是在胡说，可是我想珍妮佛其实应该……”

如果这样开头的话，那大家肯定想不到她要说的其实跟几分钟前的内容一模一样。

小窍门 23

表达相同观点时，试着换一种说法

当你和大伙儿一起聊天时，迟早有人会打断你，或许你早就有过这种经历。为了不让别人认为你总是逗留在同一个问题上，下次开口时尽量换种方式来表达。这样对方就永远猜不到你其实表达的还是原来的观点。记住，旧酒换新瓶永远都是好卖的。

如何与讲外语的人交朋友？

桑迪 · 费奥伦蒂诺曾是我在纽约的短期舍友之一，她来这里发展自己的模特事业。桑迪身高将近一米八零，天生（嘿嘿，这两个字可是语带双关哦！）一头让无数模特竞相效仿的淡色金发，后来被著名的福特经纪公司挖掘。让桑迪欣喜若狂的是，公司把她的第一本写真安排到意大利的旅游胜地里维埃拉去拍摄。这下可好，原本就带有意大利血统的她终于有机会实地操练一把从祖母那里学来的蹩脚意大利语了。

等一回到纽约，桑迪马上兴奋异常地跟我讲述起旅行的见闻。跟所有未婚女生一样，我很自然地问道："对了，你有没有遇到什么有意思的人啊？"当然，我确信她在那儿肯定把模特圈的十大美女都见识了个遍。不过，每个女生都知道，我这句话里的"有意思的人"指的可是"男人"！

她害羞地笑笑，对我说："他叫吉安卡罗，他真得好帅哦！"

"那你们是怎么认识的？"

"是他带我去的海滩。"桑迪咯咯笑着说。

"哇，那他一定身材很棒啰！"

"不是啦！倒有不少猛男来搭讪，问题是我完全听不懂他们讲什么。但不知怎么回事，我却能听明白吉安卡罗的话，于是我们就每天都约会。下次他来的时候我介绍你们认识。”

帅哥来访

机会终于来了，一见到吉安卡罗我就提到了他和桑迪的相遇，我很奇怪为什么桑迪只能听懂他的意大利语？他狡黠地眨眨眼睛，用很慢很慢的语速说：“Parlo…molto…lentemente…per…gli…stranieri.”啊，原来如此！虽然我的意大利语菜得可怜，这么说我也能听个大概齐明白，意思是：“我对外国人说话很慢！”

哈，还真有你的！海滩上等着猎艳的猛男没得逞，倒让结结巴巴说话的傻小子抱得个美人归，看来很有道理啊！难以想象吗？一点也不，因为他完全理解不会说外语的人遭遇的那种感受，所以才会成功！

小窍门 24

和老外交流时请放慢语速

今天的地球正变得越来越小，走上街抬头就能碰到老外。要想让对方明白你在说什么，讲自己的语言时就必须很慢很慢。当然，你自己听起来肯定很别扭，可对人家来说就不一样了。要跟外国人打交道，你还真得学会一种傻瓜式母语，那就是慢慢慢慢式口语！

如何“看人说话”？

有一次，我在密西西比州的一个群众集会上认识了当地著名的黑人女演说家戴安娜 · 帕克斯。据说她的演讲风格激情四射，语言优雅得体。怀着领略一番的心情，等她开始演讲时，我便特别留意。结果却大大出乎我的意料，这位受人喜爱的演说家居然满口都是简单的语法错误：不仅主谓很少搭配，有时甚至连时态都听不出来！

会后，我转弯抹角地跟她提出这个问题。没想到她却哈哈大笑，并不以此为然：“莉儿，听我说，我就是土生土长的本地人，所有的听众都是我的父老乡亲。在这里大家就是这么说话的，所以我才这么受欢迎。”

嗯，仔细一想还真是这么个理儿。我刚才在演讲时，下面几乎毫无反应。而戴安娜的本地特色语言却赢得了满堂喝彩。

当然，话说回来，要真让我模仿她的讲话方式恐怕也不见得合适。但回想刚才的经过，我意识到了一个问题。那就是在面对不同层次的听众时，我应该相应地调整自己的措辞。比如像刚才，我就应该少用那些他们不熟悉的高深字眼。

这次经历很显然再次证明了“入乡随俗”这句老话。让我颇感惭愧的是，面对那么多听不懂我满口“酷词儿”的听众，我竟然没有及时预测到他们的真实感受。

别让你的“酷词儿”吓跑听众

要是你开口就喜欢搬弄成语，我建议你还是说点儿大白话，这样更容易让大家明白你在说什么。否则，我保证你不出三句，观众就会跑掉一半，剩下的一半也正在冥思苦想……

比如，你在跟某个家伙争辩，你告诫他不要“用似是而非的主张企图使我陷入模棱两可的处境”。我估计对方直接翻翻白眼就晕过去了，要不就是狠狠一拳打过来让你清醒一下。翻译成大白话其实就是：“你丫少跟我来这一套，我知道你满嘴都是废话！”

有时候跟小孩子说话也是这样。比如说你要跟他讲动画片，可却说成了“你喜不喜欢拟化人格形式的片子？”估计又要有人翻白眼了，弄不好还有可能把小孩子给吓哭！其实，你想说的不过就是：“你喜不喜欢那种小动物走路说话都像人一样的动画片呢？”

《精神医学期刊》(*Journal of Psychonomic Science*) 中曾经有项研究表明，如果你在某方面的水平“高于”其他人——在本文中我们指的是语言能力——那么，在与人交流时只有“自贬水平”才能让对方感到容易沟通。

小窍门 25

讲话时要考虑对方的认知程度和教育水平

生活中充满了多样性，包括种族、肤色和信仰。人的语言掌握程度也各不相同，即便大家都说同一种语言也是如此。如果想和对方快速实现沟通，一定要注意听众的接受程度。同样的意思，你可以尝试采用不同的说法来表达。

如何与低层群体交流？

一般来说，每个人都要经历三次失败尝试才能最终确定合适自己的职业发展方向。唯独到了我这儿，这个平均数字却达到了十几次。唉，造化弄人啊！

在我诸多浅尝辄止的行当中，旅行作家很是令我向往。我老是梦想自己能在泰国的山林里披荆前行，或是在伯利兹[①]的阳光海滩上享受日光浴——当然，对一位旅行作家来说，这一切都是由出版机构赞助的。在询问了许多出版社之后，我终于收到了一份回复，只不过对方是一家超市小报。我这人就这点好，没那么贪心，即使得不到知名出版社的赏识也没关系，一家小报也能让我乐得屁颠屁颠的。哪怕自己的作品跟超市南瓜汤宣传单混在一起，或是在周末让小鬼们撕得乱七八糟，我也不在乎。毕竟，我拿到了赞助，可以开始旅行啦！

很快，编辑就把协议书和旅行目的地给我寄来了。嘿嘿，花别人的钱去旅行，想想都开心！我急不可待地打开信封，看到有以下几个地点可以选择：

---

① 伯利兹（Belize），中美洲国家，位于加勒比海岸。——译者注

亚特兰大城

迪斯尼乐园

尼亚加拉大瀑布

科罗拉多大峡谷

黄石国家公园

不会吧？！就这么几个国内的小地方啊？我不死心地把信翻来覆去地看，我的玛雅遗址呢？我的巴厘岛呢？我的帕果帕果[①]呢？我在《城镇风光》(*Town and Country*)、《亚特兰大月刊》(*Atlantic Monthly*)和《旅游目的地》(*Destinations*)等杂志上看到的那些诱人的旅游地呢？

我马上拿起电话，“质问”编辑是不是搞错了，有没有“其他”旅游地可以选择。

编辑告诉我：“莉儿，我们得面对现实，咱们的读者能接触到的旅行范围就这么大，没几个人能负担得起加勒比海之旅，更别提什么异国风情游了！”

这消息简直像晴天霹雳一般把我从美梦中惊醒，是啊，人家编辑说的可全是大实话。

看来，在这件事上是我想得太天真了。唉，谁让我对旅游情有独钟呢？直到现在每次去看牙医，一翻开办公室里那些精美的旅游杂志我就伤心。那些美轮美奂的地方我自己可负担不起。不过很明显，我的牙医有钱去国外旅游。一想到这儿，我忽然对那个超市小报多了几分佩服。

没错，就像小报编辑了解其读者的生活水平一样，我们也应该理

① 帕果帕果（Pago Pago），太平洋中南部美属萨摩亚首府，著名旅游胜地。——译者注

解交流对象的生活状况。

小窍门 26

别对吃素的人说肉香

跟人交流，切忌显摆别人力不能及的事物。不管是度假地、休闲屋、高级餐厅还是钟点工，说的时候一定要留意对方的经济水平。有些在你看来习以为常的东西可能是别人所无法拥有的，因此要考虑对方的感受。

有很多中产阶级的生活“必需品”对收入较低的阶层来说简直是天方夜谭，所以压根儿就不要提，否则你只会跟对方越来越疏远。尽量做到闭口不谈你们之间的差异，多去寻找你们之间的相同之处。

吉安卡罗、戴安娜、小报编辑，他们都有出色的情绪预测能力。他们能感受到别人的种种尴尬之处，比如讲英语太蹩脚、词汇量有限，甚至是物质生活不宽裕可能造成的自尊心受伤等。下面我要说的例子，是讲一位机智的母亲如何利用情绪预测帮我挽回颜面。

如何挽回尴尬局面?

曾经有很多人，他们用机智和理解让我在 N 多次尴尬的场合化险为夷。对于他们，我内心充满了巨大的感激，真想热情拥抱他们每个人，大声地说声“谢谢”！

最近一次类似的遭遇是在几个月前，当时我正乘坐火车，旅行的疲倦让我睡意朦胧，可身后却传来很吵闹的声音。我回头望去，原来是一个小女孩在专心致志地玩着手中的游戏机。碰到这种情况，我想最好还是先和这小家伙聊聊，等混熟了再让她把声音关掉，这样要比直接向他妈妈告状好得多。

我转过身，看到这个留着披肩棕色长发的孩子，全神贯注地盯着游戏机屏幕，脑袋几乎都快钻进去了。

“嗨，你在玩什么游戏呢？”我开口问她。

人家连头也不抬，咕哝了一句：“《古墓丽影》。”

看着屏幕上的女主角劳拉熟练地在古墓里上下翻飞，我真不明白怎么现在的孩子都喜欢这种东西。但我还是撒谎道：“呵呵，真不错！现在学校里所有的女生是不是都玩这个游戏啊？”

她终于抬头看了我一眼，那神情就好像我是外星来客一样，然后回头看看自己的母亲，接着又埋头到游戏世界里去遨游了。

我转向她妈妈："她叫什么名字？"

这位母亲并没有回答我的问题，只是微微笑了笑，话题还是孩子手中的游戏："是啊，实际上现在差不多每个孩子都有掌上游戏机，他们就是对这个上瘾。"紧接着，她又略带歉意地补充道："这玩意儿就是太吵，我们一会儿就把声音关了。"

搞定！带着满意的笑容，我转过身，接着打自己的盹儿。

醒来时我起身去洗手间，就在洗手间门口，我看到一个戴着棒球帽的男孩从里面出来，帽子上印着名字"罗伯特"。"借过一下，女士。"这声音的确无疑是男孩子的。

方便完毕，往回走时我刚好经过刚才那个玩游戏的女孩的位子。出乎意料的是，我发现坐在那里的竟然是一个棕色头发、头戴棒球帽的男孩儿！

"哎呀，这下糗大了，原来我把人家的儿子当成了'女儿'！"我脸上一阵发烫，赶紧悄悄地溜回自己的座位。

善于解围的妈妈

回想起刚才的经过，我真庆幸罗伯特的妈妈也具备出色的情绪预测能力。当我傻乎乎地说"所有的女生"时，对方并没有直接纠正我的错误；当我问"她叫什么名字"时，对方也没有说出只有男孩才用的名字罗伯特。这样做很好地避免了我的尴尬。她很聪明，不去谈让我难堪的问题，而是告诉我这个游戏有多流行。我真得感激她的细心和体贴。

我们都会偶尔冒冒傻气，比如说话时讲错字、大街上认错人、误解对方的意思、讲话不顾场合或是干脆办傻事。每当有人犯了这样的错误，看看那副糟糕表情就知道他恨不得一头撞死。不过这事你可帮不上忙了，因为实施安乐死可是要犯法滴！

对此我想做个类比，虽然听起来不雅，不过感觉基本是一样的。你有没有在和一帮人聊天时一不小心有股气体从肠道里溜了出来？而且还很响？哈哈，那种众目睽睽之下生不如死的感觉，估计一秒钟就像一小时一样漫长！在我看来，要命的口误简直就像那股气改道从嘴巴宣泄出来一样恐怖！要想避免这种尴尬，还是赶快说点什么来转移注意力吧。

小窍门 27

要想掩盖口误，马上转换话题

如果刚说完一句话就发现不对劲儿，比如讲错字或是犯傻了，赶快进行补救，掩盖刚才的错误。你可以说些分散注意力的话题，不给对方时间去回味自己刚才出过的洋相。

不过，说到转换话题，其实也有很多讲究……

如何灵活转换话题？

日常生活中，你肯定经常遇到这种场面吧：大家正聊得开心，可他们的话题你一点都不懂，也不感兴趣，甚至对你来说完全就是一种折磨！可是你又不能冷不丁地扯出一个新话题，那样感觉太别扭了。那么，到底该怎么做才能不露声色地转化话题呢？

首先，我们得研究一下人们在交流时的逻辑发展过程。实际上，每个人所说的话几乎都和前一个人的最后一句话有着某些联系。这个模式大概是这样的：

1. 甲刚说完，你对他的话发表了自己的看法。
2. 随后，甲（或乙）又针对你的话展开评论。
3. 接着，又轮到你继续同样的过程。这样的交流过程很自然，因为双方都明白彼此的观点和其中的联系。无论一起交流的人是两个还是 20 个，对话都是按照这个模式发展的。通过这种方法，话题可以自然地进行接续和拓展。

但对你来说这个办法肯定不行，太慢啦！你心里想的是怎么才能马上跳转话题。

跳转话题的窍门

那么你该怎么做呢？其实很简单，你可以从上一个人的话中寻找突破口，比如一个观点、一个成语，或是一个字；然后加以重复或重新解释，再把它联系到你想说的话题上去。只要你发现对方的观点跟你要说的内容有关联，哪怕这种联系不是那么紧密也不要紧，你都可以比较自然地把话题转换掉。

比方说，你想聊最近刚看的电影？或是想说说新参加的马术训练课？又或是想告诉大家你的家装计划？没问题！可是如果大家正在讨论的是八竿子打不着的天气呢？

比如有人正在抱怨上周末的瓢泼大雨，另一个声音说：“是啊，真讨厌，每个周末都下雨。”哈！机会来了，你可以从下雨这件事转到电影上了。当然，你的第一句话还是要提到下雨，下一句再联系到你想说的话题。你可以说：“周末下雨时，我喜欢去看电影。其实，上周我刚看了一部，名字叫……”瞧，这样不就不露痕迹地把话题转换了吗？大家也不会觉得很突兀，因为你提到了下雨，然后谈的又是跟下雨有关的事。

要是你想聊聊自己上马术班的事，可以这么说：“真希望下个周末别下雨，因为我要去上马术训练课……”

想让大家讨论你的家装计划？简单！你就这么说：“老天保佑下个周末接着下雨，这样我就不用出门购物了，总算有借口待在家里装饰健身房了。”

只要每次开口时先提到下雨，然后再自然地转到想说的话题即可。

对政客来说，转换话题可是个历史悠久的窍门，不对，应该说是必备素质更贴切！你只要每个星期天早上打开电视，转到政治脱口秀节目看一会儿就知道了。对他们来说，转换话题简直就是小儿科！

小窍门 28

先重复别人的话，然后联系到你想说的内容

转换话题时，重复刚才别人刚说过的内容或观点，然后再过渡到你想表达的内容。只要你提到刚才别人说过的话就会滴水不漏，甚至不会让人发现话题已经发生了改变！

当然，有时候我们在交流时还要学会如何不跑题，这也是个技术活儿！

如何坚持当前话题？

我的一位咨询客户采用了一套全新的库存管理系统，并对全公司员工进行使用培训。但是几个月后，大多数员工还是用不好新系统。只有一个人除外，那就是冈特，一个话不多的小伙子。

在一次公司例会上，首席执行官桑托斯对大家说冈特最近表现非常突出，帮助很多同事解决了新系统的使用问题。在头儿的赞扬声中，我偷偷瞟了一眼冈特，他正害羞地盯着自己的膝盖，头也不敢抬。但我敢肯定，他这会儿心里肯定特别高兴，陶醉在老板的赞誉之辞中。

桑托斯继续往下说："大家对冈特的帮助都非常感激，已经有几位员工告诉我，每当他们遇到电脑方面的问题，冈特总是放下手上的工作积极帮助……"

没等他把话说完，突然有个员工插了一句："可是，有些电脑安装的位置有问题，用起来实在不方便，比方说……"

插嘴的这位名叫迪文，这家伙一抓住发言机会马上就滔滔不绝。大家的注意力一下子被转移了过去，除了冈特，谁也想不起来刚才夸他的那些话了。

这家伙看来是越说越来劲儿，简直把可怜的冈特说得一无是处。

唉，何必呢？要是他有那么一点儿自知之明的话，绝对不应该在大家都表扬人家的时候跳出来唱反调。

实际上，那天吃亏最大的可不只是冈特一个人。你想啊，要是哪天这个快嘴迪文的电脑系统崩溃了，还不得指望人家给他修吗？到时候，就不知道是谁看谁的笑话了。所以说，做人不要那么绝嘛！

在其他场合的应用

不要更换话题在很多场合都适用，并不一定只是在表扬别人时要注意。你只要提高自己的情绪预测能力就能应付自如。如果你发现大家正在兴高采烈地讨论某件事，千万别去搅局。

举个例子，你、萨拉和其他几位朋友正在闲聊，大家讨论的是萨拉的孩子、她的假期，还有她喜欢的所有关于自己的话题。此时，不管这些对你来说是多么无聊，记住一定不要转移话题！你可以等别人做出头鸟，放心，早晚会有人跟你一样憋不住的！尽情让萨拉享受此刻的讨论，直到大家再也没什么可说的时候，话题自然会转移。会有人担起这个苦差，只要你不去这么做就行。

试想一下，人家萨拉正聊得热火朝天，要是有人不识相地突然换了话题，这不是故意惹她生气吗？她可能会气个半死！反过来，萨拉又能对这位有好脸色吗？

小窍门 29

当别人热烈讨论某事时千万不要转换话题

一群人聊天，如果你发现某个话题很热门或是对其中某人很重要，记住不要转换话题。特别是当大家正衷心赞扬某人时更要注意这一点，一定要让大家表扬完毕。而且，你甚至都不能落伍，要是等大家都说完半天了，你冷不丁又来一句事后恭维，那感觉更糟糕。不过跟着大家唱唱高调倒没关系。

还有，就算你没加入大家的高谈阔论，也一定要待在那里装作很感兴趣地听着。要是你漠然转身离开房间，那你就差不多等于宣布跟这帮人断交了！

如何避免相同回答？

在去年的一次演讲中，有位潜在客户问起我是在哪里长大的，我不假思索地答道：“华盛顿特区。”然后我们又接着往下聊。可刚过5分钟，她又问了我完全相同的问题：“莉儿，你在哪儿长大的？”

不会吧！这才几分钟？怎么又问上一遍？让我怎么回答啊？要是我重复刚才的回答，她肯定会意识到自己刚刚问过，那多尴尬啊！

可是，人家都问到这儿了，我也不能不答啊。于是，我只好怯生生地又答了一遍：“华盛顿特区。”果然，话音刚落，她马上就感觉到了什么，身体也不由得退缩了几分，表情挺不自然的。我想，从那一刻起，潜意识里她肯定会认为是我造成了她的尴尬。

可这并不是我的错啊！我该怎么办？

这就是我们本节要讨论的问题，如果有人两次问你相同的问题，你该怎么办？你肯定不想伤害对方的自尊心，那么怎样做才能皆大欢喜呢？这个问题着实让我费了不少脑筋，可还是没找到合适的答案。没想到，一个月之后，这个答案竟然像天上的馅饼一样直接掉下来砸在我头上，让我恍然大悟。

说它像天上掉馅饼还真不是吹的，因为我是在飞机上找到答案的。那天我从丹佛飞往纽约，在和旁边的乘客聊天时我了解到她也住在纽约。于是我很自然地问道：“那你住曼哈顿哪一片啊？”

她回答道：“在 82 街和公园大道交叉口那里。”然后我们又继续闲聊。大概过了十分钟，我也不知道哪根筋不对，同样的问题又脱口而出：“对了，你住曼哈顿什么地方呢？”对方毫不迟疑，而且语调和刚才一样热情：“就在大都会艺术博物馆旁边。”然后还问我有没有去过这个博物馆。我回答：“是啊，当然去过。”就这样我们一直聊得很开心，直到飞机降落在纽约肯尼迪机场。

几周后，我准备去大都会博物馆看一个展览。在我走出公寓时，又查看了一下宣传单上的地址：82 街和公园大道交叉口。

咦？！这个地址怎么这么熟悉？最近好像在哪儿听到过？脑子一转，哦，对啦！是飞机上那个跟我聊过的乘客，她就住在那里。

就这样，飞机上的一幕幕又在我脑中闪现。我这才意识到，当时是人家机智的回答让我没有丢面子。第一次我问她住哪里时，她说的是“82 街和公园大道交叉口”；当我第二次傻乎乎地又问人家时，她说的是“大都会艺术博物馆旁边”，那不就在 82 街和公园大道交叉口那里嘛！可当时我压根儿就没去联想这两个答案。因为听到的是两个不同的回答，这样我就没有感到丝毫不对。看来，她非常善解人意，准确地预测出当我听到相同回答时肯定会尴尬。是啊，要真是那样的话，我肯定要骂自己真是笨死了！

在去博物馆的路上，我真希望能再次碰到她，感谢她教会我第 30 个小窍门。

这个小窍门的关键就是：不要用相同的话回答健忘者的重复问题。

比如，要是有人问你：“你每天去上班要花多长时间？”你回答：“大概 20 多分钟吧。”

刚过几分钟，这位健忘的老兄好像突然想起一个重要问题：“对了，你每天去上班要花多久？”

记住，怎么回答都行，就是别说“大概20多分钟”。你可以说：“如果不塞车的话，不到半小时就能到办公室。”

如果你们接着聊，这位超级健忘老兄又蹦出了刚才的问题，你可以再变换一下回答方式，给他保留一些自尊。你可以说：“怎么也要一刻多钟才行。”

要是这位老兄的健忘症已经无可救药，第四次重复相同的问题的话，那么我的建议是：迅速放弃此人，换个聊天对象！

小窍门30

对于别人相同的问题，变换回答方式

人际交流中如果有人好几次问起你相同的问题，帮助她挽回面子（可能还有你们的友情）的最好方法就是变换回答方式。然后马上将对话继续下去，不给对方机会回味自己刚才的笨嘴笨舌。这样，当对方事后突然想起时，一定会对你非常感激，因为你不动声色中就把对方尴尬的健忘毛病处理得完美无暇。

Part 4

让你爱上聚会的 10 个小窍门

参加聚会时如果一个人也不认识，可以假装兴奋地朝并不存在的目标或是房间另一头的某人挥手致意。这个动作会让你看起来跟每个人都很熟，而且充满自信。

如何在聚会上结识朋友?

你肯定经常听人这样抱怨（或许自己也说过）：“真讨厌参加那些一个人都不认识的正式聚会，难受死了！”不但那些每逢聚会就喝个酩酊大醉的人会这么说，就连品位高雅的上层派对客对此也颇有微词。

可是，如果问起他们是否喜欢和熟悉的朋友一起搞小型聚会，答案可就完全不同了。这些人会兴奋地说：“噢，那种聚会我喜欢！”或是“棒极了！”

实际上，正式聚会只不过是小派对的“升级版”，那么为什么大家对两者的态度会如此不同呢？说起这个小发现，还是我在参加一次周末聚会时偶然观察到的。在那次聚会上，我同样一个人都不认识。请柬上通知的聚会开始时间是下午 3 点，按照客人早到会使主人尴尬的赴约惯例，我有意推迟了半个多小时，赶在 3:45 分按响了门铃。

“啊，是莉儿！那个……快，快请进！”女主人的语气虽然和蔼，但我明显能听出来似乎有些慌乱。终于，对方向我吐露了最糟糕的消息：“我真没想到你来得这么早，是第一个！”

哎呀！！！我怎么这么点儿背呢？怕啥来啥！

主人领我来到客厅，安慰地说：“没关系，随便些，我去厨房准备一下，马上就好。”

唉！话虽如此，可叫我怎么随便啊！瞧我这倒霉催的！

看看手表，我真是想死的心都有了。原来今天是夏令时第一天，我忘了把时间调慢一小时！也就是说现在才刚刚 2:45！

几分钟后，门铃响了。透过门厅，我隐约听见女主人的声音：“布伦特，你能及时赶到实在太好了！”

一个男人的声音答道：“真抱歉来早了，我怕路上会堵车所以出来得早，可没想到今天一路特别顺，连红灯都没碰到！”

说着话，两人已经来到了客厅。“没关系，你随时到都行。我来给你介绍一下，这位是莉儿，她是第一个到的。”

于是，布伦特和我开始聊起来。这一聊不要紧，没想到我们还真挺投机。随着其他比较早的客人陆续赶到，我俨然觉得自己已经成了“老熟客”，跟大伙儿提前认识了一下。

很快，大队人马纷纷加入。要在平时，这场面肯定让我觉得很窘迫，因为里面全是生面孔。可这次完全不同，由于先到者的私下介绍，我已经熟悉了许多来宾。退一步说，即便跟后面来到的人不认识，我也不会觉得形单影只，因为还可以和前面认识的人闲聊。

在他们的介绍下，我认识的人越来越多，而这一切都源于一个很幸运的错误——我弄错了赴约时间。自那以后，如果要参加有很多陌生人的聚会时，每次我都会忘掉那愚蠢的惯例，争取成为最早到的人。

小窍门31

别迷信“晚到”的赴约惯例

小小的改变可能带来大大的不同！建议派对客们忘掉那些该死的惯例，勇敢提前一回。早早赴约的好处是你能一一认识随后赶到的来宾。等人越来越多时，你不但能跟“早到客”们闲聊，还能在他们的介绍下认识更多的人。

年轻的父母们请注意

当我的好帮手、本书编辑朱迪丝·麦卡锡读到上面这一段时，她在我的手稿上精心地贴了一个可爱的粉红色气球记事贴，上面写着：

> 莉儿，你说得太对了。我有一次就曾带着孩子去赴约，结果也是误打误撞地早到了。我当时很紧张很尴尬，很不好意思地问女主人：“我是不是来得太早了？”后来，我帮着她准备食物，而孩子们则跟主人家的孩子跑到一起玩儿去了。没想到那次反而让孩子们玩得很尽兴，要是我按时到的话还真没多大意思呢。

现在，朱迪丝已经是拥有3个孩子的幸福母亲了。看来，如果你要带着孩子一起参加聚会，碰巧主人家里也有小孩儿的话，这个小窍门对孩子们也是个福音。想象一下，要是一方有小孩儿而对方没有的话，那情形可就大不同了。毕竟，作为孩子，最讨厌家长恶狠狠地说：“瑞秋，赶紧领弟弟妹妹出去玩儿，吵死了！”

致害羞者的忠告

作为一个很害羞的人，我能深切体会到跟众人格格不入的那种超级窘迫的感觉。曾几何时，我的赴约格言一直是："悄无声息地晚来，偷偷摸摸地早走。"可现在，各位羞答答的朋友们，听我一句，大胆尝试一下参加派对时提前赶到的感觉吧！我敢肯定，只要一次你就能爱上这种舒服自然的感觉！

由此派生的另一个小窍门

你有没有过这样的感觉：在一个没人认识的聚会上，你悄悄地站在墙边，恨不得身上的衣服能和壁纸一模一样，以免大家发现你的尴尬。或者更糟：你被围在人群中却一个都不认识，大家激情四溢地狂饮大笑，而你还得装出兴奋的样子去配合！在这种场合下，要是有人路过身边时向你微笑，估计那也是同情或幸灾乐祸，因为你一个人被晾在那里根本没人搭理！

我的一个朋友埃玻妮曾和我一起参加聚会，我们到得都比较晚，而且认识的人都少得可怜，最多也就那么两三个。看着满屋子的陌生面孔，我突然有了主意。我让埃玻妮向我介绍她认识的每个人，反过来我也给她介绍每一个我认识的人。而且，我们还约定，凡是在聚会上认识新朋友时都把对方一起拉进来。结果，这个方法让我们一下子就打开了被动局面。

小窍门 32

和你的密友约定好做互相介绍

要是你参加聚会时没几个人认识，最好和一同去的朋友做个约定：“老兄／姑娘，我给你介绍我认识的人，你也给我介绍你认识的人。”

也许你觉得这还不简单，谁都能想到。那可不一定哦！根据我的经验，除非你们事先口头约定好，否则还真是不见得！

利用这个小技巧，经过朋友的介绍认识新朋友，然后又在新朋友的介绍下继续认识更新的朋友，最终你会成功认识聚会中的所有人。不信你就掰指头算算看！我是没算过，不过我认识的一个数学教授，倒是利用什么微积分啊、排列组合啊、概率啊帮我忙活了半天，然后告诉我确实如此。

如何用与众不同的方式欢迎别人？

聚会开始后，人们就会结双成对地四下散开。这时，如果单身赴约者在聚会上有认识的朋友，肯定会像跟屁虫一样紧咬着人家不放。不过他们可不是本节要讨论的人。同样，那些成群结队来参加聚会的人也不在我们的讨论之列。

我们要关注的是那些脸上挂着伪装笑容、独自一人悄悄溜进房间的聚会者。面对一大群陌生人，他们的内心或是孤独不安，或是充满恐惧，不知道该怎样打招呼或是介绍自己。面对他们的犹豫，最好的惊喜就是进门时给他们一个热情的笑容。这会让对方感觉到要么你认识他，要么就是为他的优雅气质而折服。不管他怎么想，这一招能有效地化解他的尴尬，同时迅速拉近他对你的好感。试想一下，在孤身面对一群陌生人时，对方可能没有足够的自信和勇气举起手大声做自我介绍。因此他们最渴望的就是一个代表接受和认同的微笑。换做是你面对这样的场景，肯定也希望有人能用温暖的笑容来迎接自己。

小窍门33

对独自参加聚会的人展露微笑

当他们跨进门槛时，一定要给他们一个真诚的笑容，最好是连眼睛都笑出皱纹的那种！记住光咧嘴可不行，明显没诚意嘛！要是对方朝你走过来，就对他说："啊！你可真像我的一个好朋友。你进来的时候我还真以为就是他呢！对了，我叫……"

即便人家好像没看到你的笑容，没有直接朝你走过来，那也不要紧。可以肯定的是，真诚的笑容，其致命吸引力可比飞蛾眼中的焰火，早晚他们会为你折服的。

对此表示怀疑？哼哼！告诉你吧，我的新泽西朋友多娜·文森特就是成功利用此招泡到了现任男友。后来她把事情的经过告诉了对方，人家还很感激哩！而且每次遇到朋友就大肆吹嘘一番他俩相识的故事。

接下来的一个小窍门，可能有些人会觉得太疯狂。不过我向你保证，朋友中确实有人甘当我的实验小白鼠，而且成功地证明了此计的可行性。

如何在聚会上表现得并不孤单?

我想大家在熟睡时也许曾经历过这些噩梦：从悬崖跌落、考试不及格、身陷荒野无法自拔、被怪兽追，以及在闹市裸奔等。

其实这些还不算什么，相比之下，下面的经历才叫恐怖：在人声鼎沸的聚会上，大家欢声笑语，推杯换盏，可只有你独坐一角，仿佛已被大家遗忘。在别人眼里，你一定是呆头呆脑、一脸失落，脑门上恨不得写上几个大字：找我聊天!

读过我上一本书的读者也许还记得我的朋友萨米。他有一个奇怪的点子，能成功地治疗上述“人群孤独综合症”。

我曾演讲过的一家公司有一次请我参加周年庆典活动，而且允许我带个朋友一同参加。本来萨米不是我的最佳人选，因为他这人做事有点儿不太靠谱。不过，他的优点是脑子转得快，而且人还蛮风趣。再加上我也有好一阵子没见他了，因此犹豫了一下还是邀请了他。不过我事先已经告诉他会场上都是生面孔，他倒觉得无所谓，对我说：“行啦，只要有你，有免费食品和啤酒，我就能自得其乐了。”我想了半天，也没弄明白这到底算不算是恭维。

等他赶到活动现场时，晚会正进行得如火如荼。看见萨米走进来，我便远远地点头示意他过来。他轻松地穿过人群，还不时地跟别人挥挥手，露出很开心的笑容。

等他来到我身边时，我简直像是看到了天外来客一样吃惊：“萨米，没想到你在这儿认识的人还真不少啊！”

他耸耸肩说：“切！一个都不认识。”

“啊？那你刚才……”

“哦，你是说我跟人挥手致意是吧？那是我的惯用伎俩！”

“你不是想跟我说你在跟陌生人招手吧？这也太疯狂了！”

“呵呵，才不会！”他补充道，“我只要挥挥手，假装笑笑就能感到充满自信。再说，我招手示意的对象根本就不存在。我只是朝着人群之间的地方挥手，反正也没人能看出来。大家还以为我是在跟他们身后或旁边的某个家伙打招呼。不过，要是碰上看着顺眼的人，有时候我也会向真人摆摆手。”

“少来啦，萨米，人家会以为你神经病呢！”

“这你就不知道了，我表现得这么热情而他们却想不起我是谁，这样只会让对方觉得不好意思。也有的人会觉得我打招呼是认错了人，但我肯定跟大部分人都很熟，否则不会这么热情。”

萨米的话说得我一愣一愣的，这也太离谱了吧！要不是亲眼所见，真是打死我都无法相信。随后的事算是让我彻底服了。有几个看到萨米挥手的人居然真被他给吸引过来了！还有些希望在社交圈发展的人也纷纷聚拢过来，希望能见识一下这位“大师”的风采。这些人目的很明确，就是想通过结交“关系通”来认识所有重要人物。你还别说，人家萨米露的这一手还真像那么回事！

小窍门34

朝想象中的朋友挥手致意

参加聚会时如果一个人也不认识，别慌！千万别愣在门口，露出一副“天哪，怎么办？”的无助表情；也不要假装谁也没看见，悄悄地溜进房间一角——那是根本没用的。你应该径直走向人群，兴奋地朝并不存在的目标或是房间另一头的某人挥手致意。这个动作会让你看起来跟每个人都很熟，而且充满自信。实际上它的确能让你感觉良好。

此外，当你朝人群走去时，大家会感到很荣幸，心想：哇！这个超级派对客竟然选择和我聊天，我实在是太幸运了！

如何在聚会中提问题?

想在聚会中和陌生人保持畅快的沟通可不是件容易事，那就像是在零下几度的天气里发动汽车，得让发动机吭哧半天才能平稳运行。如果在聊天时你的“发动机”怎么也不正常，可以试试下面几条小妙计。

如果和你聊天的是一对夫妇，不管他们是新婚燕尔还是已过金婚，最保险的问题是：“你们当初是怎么相识的？”通常对方都会哈哈笑上半天，然后神采飞扬地开始向你讲述当年的浪漫史。

有时候，对方的故事还可能让人很脸红哦！听听 60 多岁的老人“坦白”当年那些“羞死人”的过往还真是件乐事。

第二个保险问题就更简单了，最好的提问时机是在刚刚得知对方的职业时。你可以问：“那你每天具体要些做什么呢？”瞧，一句话就把皮球又踢给了对方。剩下的时间，你只要舒舒服服地靠在椅子上听对方讲就行了。你也可以向自己的朋友提这个问题，这样会让他们感觉到你的关注之情。

另外两个可以经常使用的保险问题是：“你是怎么决定要做……（后面可加任何工作）的？”以及“你为什么选择生活在……（后面可加地名）？”“怎么”和“为什么”是两个绝对重量级的杀手锏，

如果能在人际交流中灵活应用，肯定能让你们的对话源源不断地持续下去。

小窍门 35

聊天时学会问最保险的问题

花上几秒钟回味一下你和亲密爱人的往事，是不是觉得一下子有好多话要说？没错，要是有人这么热心地问起你，你肯定也乐意跟对方一起分享。所以下次和刚认识的人聊天时，你可以大胆尝试一下这个话题。要是想了解更多，只要多问几个“怎么……”和“为什么……”就大功告成啦！

说到这里，唉！我还真遗憾当初怎么没问问那些让我困惑不已的“电镀工”、“颅相学者”和“安装协调员”这个问题：“你们每天到底都干些啥啊？”

忘记别人姓名时如何救场？

接下来我要和大家分享的是一个屡试不爽的小窍门。这个窍门虽然不能治好你健忘的毛病，但肯定能帮助你在遭遇下面的尴尬时化险为夷。

在一次派对上，你正和朋友聊得开心，这时从旁边走来了一位熟人。

糟糕！这老兄叫什么来着？完了！他朝我走过来了，我怎么向大伙儿介绍他啊？！

此时的你肯定急得六神无主，想要现场脱逃已经来不及了，你只好铤而走险：“哦……那个……我来介绍一下。这位……嗯……，真抱歉，瞧我这烂记性，老是记不住名字！”

这番坦白交代会让你的“佚名”老友觉得自己简直是全世界最无足轻重的人，同时，你在他眼里的形象也会直线下降，几乎和傻瓜笨蛋无异了。

且慢，还有更糟的情况！

你正和一位熟悉的朋友聊天，可不知怎么搞的突然就开了小差，对方的名字竟一下子完全从脑海中消失了（60 多岁的人经常出现这种情况）。你暗自想：

咦？她叫啥来着？怎么会突然就忘了！别慌，反正都聊半天了，我不用提她的名字也能继续交流。

于是，你和这位“叫啥来着”的姑娘继续侃，可没多久，又来了一位朋友，碰巧你又想不起对方的姓名了。这下子你开始有点儿犯愁了：

嘿，这倒霉催的，我正想不起这头儿呢，又来一位叫不上名儿的！我还得给她们做介绍，这……这可怎么办啊！

事已至此，你躲也不是，不躲也不是。假装咳嗽两声也无济于事，只好硬着头皮上了。啊？！什么？不会吧！你把我们俩的名字全给忘啦？真是罪该万死！不可饶恕！你满脸是汗地想象着接下来的景象该有多恐怖！

好吧，该怎么办呢？遇到上面的情况确实够倒霉的，不过也不是没办法。你可以朝对方兴奋地喊：“哈，见到你真高兴！快过来一起聊会儿。对啦，你们不如互相做个自我介绍吧！”

当然，这一招也并非万能，它无法解决你的失忆问题，下次你该忘还是会忘。虽然明眼人马上就知道你这么说是怎么回事，不过只要你语气轻松别太露馅儿，是不会影响他们对你的积极评价的。实际上，对方甚至会这样想：“嘿！这一招挺酷啊！不费吹灰之力就避免了一场尴尬，我得好好学习一下。”

小窍门 36

忘记姓名时，就说“你们互相做自我介绍吧”

说的时候一定要镇定，请你那位“佚名”兄和“叫啥来着”姑娘互相做介绍。你的表情要做足，不能流露出耍花招的神态。虽然你的小伎俩就跟和尚头上的虱子一样明显，但对方一样会暗自佩服你的反应够快。这个小把戏的关键就在于你的表现是否自信，只要你装得够真诚，哪怕目的虚伪一点儿也说得过去。

有了上面的经验，不用说，要是碰上同时需要介绍四五个人的场面干脆连想都别想，因为估计不到第三个人，你就把人家的姓名给忘到九霄云外去了。所以，我还是建议你直接对他们说：“嗨，伙计们，大家还是自我介绍一下吧！”

在聊天当中忘了对方的姓名怎么办？

在结束本节关于“抗失忆大法”的讨论前，我们还有一个问题要解决。比如，你正和一个刚认识的小伙儿或姑娘在闲聊，没多久，你突然忘了对方的姓名，就好像人家根本没告诉过你一样。事实并非如此，但你不能再开口问。否则，你不但等于宣布自己健忘，还会让对方认为你压根儿就不在意人家在说什么。

那么，到底怎么处理才不尴尬呢？

你可以试试下面的做法。当聊天快结束时对他说：“和你聊天真开心。对了，再告诉你一遍，我叫……”然后带着一脸期待的表情望着对方即可，但不要直接问对方的姓名。

按照一般的交际礼仪，我想地球上 90% 的人都会明白接下来该怎么做：报上自己的大名！

怎样不露痕迹地询问对方的姓名？

我一直都特羡慕那些超级自信的家伙，他们每次都能直接走到对方面前大大咧咧地说："嗨，我叫……你呢？"虽然我绝对赞成这种直接方式，可换成自己却总觉得说起来很别扭。

几年前，有个素未谋面的女士在招待会上走过来对我说："嗨，我叫珍妮弗·纽波特。您是？"

哇！她的话好像一下子点醒了一直混混沌沌的我。虽然她自报家门的方法跟前面只有两字之差，但听起来却让人感到非常舒服，完全不像第一种方式那样咄咄逼人。珍妮弗和我的对话其实非常短暂，我们几乎每天都会和别人进行这种简单的交流，但我却要真诚地感谢她，因为是她让我领悟到了第 37 个人际交流小窍门。

"您是？"和"你呢？"之间的区别，在我看来简直就像天壤之别。"你呢？"听起来更像是一句话末尾可有可无的点缀，毫无真诚交流的感觉。很显然，听到这样的发问，对方也不会有多大兴趣跟你继续聊下去。

小窍门 37

询问对方姓名时要注意的技巧

如果别人刚告诉你自己的姓名，你转眼就忘了，最好能找机会再自报家门一次，然后用试探和期待的目光看着对方即可。看起来这样做似乎是想让对方记住你的姓名，而实际上是在等待对方帮自己化解尴尬。不过，忘记别人的姓名总是不好的，这个小窍门不过是尽量弥补你在人际交流中的严重问题。

当你主动上前询问对方姓名时，不要说：“我叫……你呢？”而要改成听起来比较舒服的方式：“我叫……您是？”

最后，我想告诉大家一个万无一失的解决方案，不过就是做起来有点儿难！要想彻底避免忘记别人姓名的尴尬，最好的方式就是：别忘记！

听不懂别人的交谈时该如何掩饰？

别跟我说你从没碰到过这种事。当时，大家都在尽情畅谈某个明星、官员或是其他什么人。虽然这些人你一个也不知道，但从大家的口气能听出来他们一定都是些大人物。每当有人发表一番风趣见解，或是绘声绘色地讲上一段小典故，人群总会爆发出一阵大笑。只有可怜的你，身在其中却是丈二和尚摸不着头脑，尴尬得不知道是该哭还是该笑。

要是你真的遇到这种情况，可以试试我的芝加哥老友罗宾 · 道森教给我的小花招。罗宾有一次曾邀请我参加一个私人图书馆的开幕典礼，这个图书馆专门收藏美国历史方面的书籍。等我们到了现场，发现来出席典礼的都是文艺界的大人物。他们优雅地品着香槟酒，你一言我一语地高谈阔论着什么威廉 · 曼彻斯特。很快，我那对历史存货不多的脑袋就开始发懵……

曼彻斯特？哪个曼彻斯特？听起来好像是个挺牛的人物哦！可我怎么就是想不起来呢？要不开口问问人家？不行，肯定会遭人家的白眼！那……继续装作很感兴趣地听下去？也不行，要是过会儿露了馅儿，大家肯定更瞧不起我！

于是我决定，只要努力听下去，也许过一会儿就能渐渐明白大家在讨论谁。可事实是残酷的，我始终没听出个所以然来。这情形可真难熬——老是担心自己拼命掩盖的无知可能马上就会暴露在众人面前。真到那时可就全完了，自己在这群文化人眼中可就太掉价儿了。

这时，罗宾悄悄拿胳膊捅了捅我，眼神里流露出跟我一样的白痴神情。还好，原来不是只有我一个人在滥竽充数啊！接着，她对旁边的人耳语了几句，然后两人跑到角落里一阵窃窃私语。回到座位上，罗宾俯身对我说：“曼彻斯特是 20 世纪下半叶的历史学家，写过 20 多本有关肯尼迪家族和其他领域的书。”

“哇，好棒哦！太感谢你了，罗宾。”我悄声对她说。

说起那天的感谢，是因为她帮我解了围。现在我要再次对她说声“谢谢”，因为这个小插曲启发了我的第 38 个小窍门，它可没少帮我在后来类似的场合成功化解尴尬。

小窍门 38

学会低声询问其他听众

聚会时不明白大家在谈论什么？没关系，你可以把身边的听众拉到一旁低声求助，请他告诉你答案。

向人求助时别难为情，对方不会觉得你无知，反而很高兴能为你提供帮助，同时也会很欣赏你的机智。

说到人际交往，无论是求职、交友，还是寻找伴侣，无论是跟人闲聊或挖掘客户，我们都要尽量多跟人打交道。可是如果遇上特别讨厌的人缠住你不放，该怎么办呢？

如何摆脱喋喋不休的人?

不知你有没有碰到过这样一种人：对他们来说，和别人交流就意味着上演独角戏，其健谈程度绝对令人抓狂。一旦你“有幸”跟他们碰到一起，会恨不得对方马上下巴脱臼才好，不过那只是你暗地里的一厢情愿罢了。

假设你现在正参加一个聚会，一个不小心让这种“聊霸”给缠上了。虽然你很着急，旁边还有很多重要人物没去交谈，但对方就是认准了要跟你死缠烂打到底。这时，你的左右脑开始交战了：

右脑：我可以假装去打个电话，然后溜之大吉。

左脑：省省吧！这么老掉牙的借口，亏你想得出，人家肯定一眼就识破了。

右脑：那……我就说和另一位朋友有事谈。

左脑：别逗了！对方不会上当的。

右脑：好吧，那我就说要过去再端杯酒。

左脑：我晕，你的杯子还满着呐！

右脑：那我就一口气喝光，然后说要去再来一杯。

左脑：那你还不成了酒鬼啦？再说，没准到时候会晕得七荤八素。还是再想想别的方式吧！

怎样摆脱超级无敌讨厌鬼?

对于终极“聊霸”只能采用终极方案。要是聚会场所内客人较多，可以假想某位朋友在现场，让他来帮你“突围”。趁你的耳朵还没被磨出老茧之前，你可以像发现新大陆一样热情地探出头朝他背后挥手，对着并不存在的好友致意，然后回身略带歉意地说：“真抱歉，你刚才说什么来着？”

也许对方还不明白，继续跟你唠叨下去。过上半分钟，你就再次上演一下刚才的小伎俩。不过这次要装得很无奈，好像不堪“好友”在不远处频繁致意。

等你第三次跟“好友”打完招呼后，你可以对缠着你不放的人说：“真不好意思，我朋友在那边儿一直挥手让我过去，好像有很重要的事必须马上跟我谈。待会儿回来我们再接着聊。”说完还要拍拍对方的手臂表示你真诚的遗憾，然后再转身离开。

也许你会觉得这样太做作，不过我敢保证这一招确实有效。每次我向“好友”致意时,“聊霸”们从不会转身去看我到底在跟谁打招呼！

怎样真诚回答对方?

其实，下面的方式才是我处理上述危机时最喜欢采用的。比如，在某个聚会上你正跟一个好朋友谈话，可时间不多，你必须跟其他人聊上几句。你可能会告诉对方：“嘿！老兄 / 姑娘，我真的很想接着跟你聊，可现在我必须先跟周围的人打一遍招呼。这样吧，我们过会儿再回来继续好吗？”

要想躲开喋喋不休者的骚扰，你可以这么说：“跟你聊天我觉得非常开心，不过这里这么多人，我想咱们最好还是先去认识几个帅哥

吧。”估计对方也会很高兴。要是你想恭维对方的话就说：“不行，我必须要撤了。我看见旁边好多人都迫不及待等着跟你聊呢！咱们回头再说。”

嘿嘿！“回头再说”，您就慢慢等着吧！

小窍门 39

遇到纠缠不休的人，假装有人在跟你打招呼

参加聚会时，不管是为了拓展业务、结识朋友还是单纯寻开心，记住别让某人缠住不放。遇到这种情况，要么选择逃避（假装有朋友在招呼你），要么一脸真诚地告诉对方：其实咱们应该多接触几个人。反正啊，遇上这种人够倒霉的，被他缠上，谁不拼命甩掉就会死得很难看！

如何在聚会上跟大人物打交道？

你是否想过一个问题，为什么在小酒馆和普通聚会上很难碰到有名的牙医、演员、律师、股票经纪人和其他行业的佼佼者呢？没错，他们也和平常人一样爱说笑，爱喝酒，爱唱歌跳舞，不过这些人通常喜欢在自己的小圈子里出没。难道说他们就是假清高吗？其实很多人并不是这样的。问题在于可能总有人会犯跟我一样的错误，巴望着能碰碰自己的运气。

碰运气？你还没弄明白我的意思？其实很简单，就是说好多人都希望能在聚会上碰上专业人士，然后请人家免费帮自己出出主意或解决什么问题。我在派对中可没少碰到过这种事，比如有人吃东西塞了牙请牙医帮忙检查；喝得醉醺醺的客人让按摩师给她按摩；还有个喝高了的老兄居然拉着医生跑到里屋，脱了裤子请人家检查屁股上的胎记！

除了跟大夫、牙医和律师套近乎，很多人连汽车修理工、水管工、厨师和美发师也不放过，只要有机会就想从对方身上免费捞点儿好处。不过，你要想想看，人家的专业技能可是花钱费力学来的。所以啊，您可别再一边悠然自得地喝着酒，一边缠着人家告诉你怎么装配电器，怎么清理洗碗机水槽，怎么炸甜面圈，或是怎样换新发型。你只要拿对方一张名片就好，改天人家一定会给你提供热情服务的。

不会吧！你说的，我……我也做过啊

大师，我承认我错了，您说的事我也做过。您怎么不早说第 40 个小窍门啊！我说怎么后来好些人都不理我了，敢情都是我自己给搞砸的啊！

有一次去徒步旅行时，我伤了膝盖。大夫的诊断结果是：内侧半月板后角的前十字韧带撕裂。我这辈子还是头一回听说这个词。天啊！听着我都头大！

几周后我去参加一个聚会，女主人告诉我来宾中有一位是整形外科医生。

“是吗？是哪位啊？”我很急切地问。

明确目标后，我一瘸一拐地走到自助餐台前找机会和对方搭讪。聊了一会儿，我终于瞅准机会问道：“您说我这情况，是该去做手术呢？还是保守治疗啊？”

话音刚落，我马上意识到似乎不对劲，对方的脸一下子拉得好长。他递给我一张名片，说：“上班时间来找我吧，工作人员会帮你处理的。”然后转过身去继续找吃的，在他眼里，大闸蟹要比我的话题更有吸引力！

我这人呐，别提了，就是不长记性。没过多久又碰上了一位律师。我连忙喜滋滋地拉住人家，帮朋友的房子问起了租金管制的事该怎么办。人家倒挺客气，建议我的朋友改天去办公室和她谈，然后把名片塞给我，嫣然一笑而去，只剩下我还在那儿傻楞着。

打那以后，这家女主人再也没邀请过我。现在你明白为什么了吗？

要是你在聚会时碰到个亿万富翁，肯定不会上去对他说：“既然你那么有钱，几千块根本不算啥，干脆给我点儿怎么样？”天啊！遇上这种人真是彻底无语了，你就不能表现出一丁点儿情绪预测啊！人家是亿万富翁不错，可那钱也不是天上掉下来的，是人家一年到头每天拼命工作十几个小时才赚来的，你以为容易啊？想不劳而获，你以为自己是谁啊？

人家的客气话其实是让你“走开”啦

每个具备专业技能的成功人士都很看重自己的能力，就像亿万富翁会吝啬自己的钱财一样。这些技能就是他们实现财富的手段，所以不要逼着人家免费帮你。唉，想起自己曾经那么冒失，真是比我的半月板撕裂还让人受伤啊！

小窍门 40

在聚会上，别去打扰专业人士

专业人士也需要时间休息。人家付出技术、知识和能力都是有代价的，为什么非要在聚会的时候求他们帮忙呢？

欣赏魔术表演，你肯定不会央求魔术师告诉你怎么玩纸牌游戏。同样，在工作场所之外遇到专业人士，如果确实需要他们帮忙，最好直接说：“能给我张名片吗？”

当然，这一招儿也能反过来用。如果你是位专业人士，碰到有人在聚会上求助该怎么办？很简单，递上自己的名片，告诉对方：“乐意之至，请电话预约！”

Part 5

处理各种邀请的 5 个小窍门

参加聚会之前最好认清自己的角色是唱主角还是跑龙套。如果不是自己唱主角的戏千万别喧宾夺主，最明智的选择就是微笑着闭嘴！

如何成功邀请别人赴约?

自从我买完新车之后，就一直和销售商萨尔保持着联系。有一天路过他的经销店时我们聊了一会儿，萨尔给我讲了一个小窍门，还得意洋洋地告诉我：“凡是经商的都会用这一招。”

萨尔在经过一番产品介绍之后不会这样问顾客：“怎么样，决定要买了吗？”相反，他会把签字笔递给对方（当然递过去时笔尖朝下，这是为了方便对方签合同），然后装作若无其事地问：“您是准备买蓝色还是绿色那辆呢？”他对我说：“我就是这句话跟别人不同，但却能完成更多的销售任务。”

当你邀请别人参加社交或公司活动时，这个招数同样有效。

比如，你要请一位大人物，如果你说：“您周三有空和我一起吃个午饭吗？”对方可能连想都不想就直接告诉你：“真抱歉，周三太忙。”可是，如果你换种说法：“未来两周您哪天有空啊？我们一起吃个午饭吧。”这时对方就没办法找借口逃避了。

当然，还有更好的方法。你可以告诉他：“我很想找时间跟您吃个午饭，您看一下日程安排，把您方便的时间告诉我就行。”这样说更有把握！因为言下之意是说：“你当然也想跟我一起吃饭，我只不过是让你选择时间而已。”

顺便说一下，先生们，如果你们想邀请女士赴约，老掉牙的“周六晚上怎么样？”还是别说了，这话基本上一说出口就没戏了。你可以试试这样讲：“听说附近新开了一家西班牙风味餐厅，我想去尝尝看。你哪天晚上有空跟我一起去啊？”

这样说很难让对方说“不”。只要她善解人意，肯定了解男士们脆弱的自尊心。她会深知一个“不”字的杀伤力有多大，甚至会让他理解成：“你是不是讨厌我？不愿意跟我见面？一看到我就头疼？”

小窍门 41

邀请对方时别说“能不能……”要说“什么时候……”

邀请重要人物或约会对象时，要尽量给自己多争取机会。因此，不要把日期定死。如果能让对方选择时间赴约，成功的机会就很大啦！

接下来，我们要换个角度看看。如果你是人见人爱的邀请对象，面对别人的邀请时该怎么做呢？

如何拒绝邀请而不让对方失面子?

如果有人请你参加公司聚会、烤肉派对、啤酒狂欢、好友小聚等活动，可你确实不想参加该怎么办？要想拒绝邀请同时又不让对方难堪，你可以试试下面的小诀窍。

当对方第一次提出邀请时不要马上找借口拒绝。想象一下，如果你马上回绝的话，对方的感觉该有多糟糕？除了感到遗憾之外，他可能还会认为你是在排斥他个人，这无疑是对其自尊心的极大伤害。

正确的行动方案

首先，你应该兴高采烈地答应下来。注意！一定要表现出极大的热情才行。比方说，如果是参加聚会，你要热心地问该怎么前往聚会地点、是否要自带些酒水，以及对着装是否有要求。如果是朋友小聚，你要兴奋地问约在哪个餐厅，饭后去看什么电影等有关内容。反正就记住一条，怎么让对方高兴怎么来！

也许你还不太明白为什么要这么做，这个不要紧。重要的是这样能很好地满足对方的感受，让他觉得你非常乐意参加；让他感到被认可、被接受和被肯定；让他沉浸在跟你探讨各种聚会细节的美好体验中。

接下来，你有两种方式可以选择：

1. 对他说：“好极了，我得把时间地点记下来。”然后故意把翻弄书页的声音搞得很大，再回到电话上：“哎呀！不行，我刚发现那天还要去……（随便编一个借口），真讨厌！”呵呵！别担心，估计这会儿对方和你一样失望，不过人家那是真失望，不像你是假装的。唉，虽说有点做作，可总好过当面拒绝他吧。

2. 很高兴地接受邀请，然后把这件事放两天。接着给对方打电话表示抱歉，就说后来才想起来和他约好的时间原来早有安排，只能下次再找机会补上了。

记住，不必为此感到内疚！毕竟，你没有当面拒绝他，这样他就不会胡思乱想瞎猜疑。而且，最最重要的是，你成功地维护了对方的自尊心。

小窍门 42

面对邀请一定要热情接受！事后再找机会表示遗憾

要是一个你不怎么喜欢的人邀请你参加一个没多大兴趣的活动，一定要很高兴地先答应下来。查看你的日程安排，然后很遗憾地“发现”原来那一天已另有安排。

这不是有点儿“逗你玩儿”的感觉嘛！你要这么说倒也不错，不过出发点是好的——这样能成功维护对方的自尊心。

女士们，怎样才能让对方继续邀请你？

对于上面的小把戏，精明老练的单身客可能早都用滥了。那么遇到下面的新情况时你又会怎么办呢？

比方说，女士们，如果某位先生很吸引你，你期待着能和他继续保持发展。当他请你参加晚会时你真的没空参加，这时不要马上回绝对方。要知道，男人的自尊心在女人面前可是脆弱得不堪一击哦！一旦火焰被你浇灭，可能就再也点不着了。

你应该像上面一样先热情地答应下来，让他明白你确实喜欢跟他一起参加活动。然后再“失望地发现”你们约定的时间原来早已做了安排。最后别忘了温柔地眨眨眼，给他个意犹未尽的暗示：“也许下次我们……”哈哈，这样就能把对方搞定啦！

现在我们来转换一下身份，假设你要邀请别人。那么，你有没有过这种经历：邀请完之后才发现这世上竟然没卖后悔药的……

我是不是脑子进水了啊？怎么和他搞在了一起？邀请他时我肯定是发疯了！

唉，说来惭愧，我就干过这等傻事！

真可惜，等发现时木已成舟，想赖也赖不掉了。不过这种惨痛经历倒也是个机会，让我总结出了下面一条小窍门：如何对付不速之客。

如何应付不速之客?

日常生活中你经常会听到孩子们这样抗议:“不!我不想亲艾伦阿姨。”“打死我也不去奶奶家!”或是“不行!查克叔叔不能来咱们家,我讨厌他。”

其实,不光是小孩子会气呼呼地大声喊叫,成年人也会有类似的感受。只不过,我们知道怎样才能让自己的社交言行更“有修养”(其实就是“虚伪”啦!)。

几年前,我在萨拉索塔[①]买了一栋小房子,这样我就能来这里躲避纽约寒冷的冬季。在每月一次的圈子聚会上,我喝得有点儿高,对着新朋老友举起杯醉醺醺地宣布:“萨拉……索塔,是个好地方,特别美。我要去那儿过感恩节……谁想来玩,欢迎……之至!”好在那些死党都知道我不过是趁着酒劲儿显摆一下自己的房子,没人当真看作我是在邀请。可我很快就发现自己错了!

第二天,我突然接到妮娜兴冲冲的电话,她刚加入我们的圈子没多久,是大伙当中年纪最小的女生。“嗨,莉儿!”她亲切地叫我,“我刚跟老板说了你的邀请计划,她同意感恩节多给我放两天假。哈!我

① 萨拉索塔(Sarasota),美国佛罗里达州西部城市,濒临墨西哥湾。——译者注

马上就能去佛罗里达看你啦！”然后，她把话停了下来，期待着我听到这个消息时能像她一样兴奋。

好不容易盼到个假期，我计划好的事怎么办啊？我还想睡睡觉，游游泳，写点儿东西，发发呆呢，这下全泡汤了！

“啊，是吗，妮娜？那……好啊！”我言不由衷。

也许是对方感觉到了我的热度不够，又加了一句：“哦……你不会刚好感恩节时不方便吧？”

我马上感觉到自己就像感恩节的火鸡一样被人盯上了，早晚都难逃厄运。于是，我违心地答道：“当然不会，妮娜！快来吧，这边可好玩啦。”

这个大白痴！真不知道还是假不知道啊？邀请别人来家里玩，90% 都是客气话啦！要是酒后邀请的话，那更是一句都不能信，没想到她还当真了！

唉，这也不能怪她，人家可是光明正大受邀而来。谁叫我这大嘴巴爱乱讲话呢？妮娜唯一的错误就是把我的酒后戏言当真了。

我能摆脱不速之客吗？

你要面对的是两个问题。首先，你不想让查克叔叔或妮娜这样的人感到不自在（尽管他们确实不受欢迎）。其次，当你们相处的时候，你希望能轻松面对，不用时刻提防自己会流露出不快。不过，心理学家说过，不管怎么掩饰，如果一个人心怀不满早晚都会表现出来。他们把这种情形称为“情绪泄露”。假如你的不速之客，要求稍微过分了那么一丁点儿，马上就会在你心中激起厌恶之情。如果这时候对方打了个喷嚏，估计你的“上帝保佑”[①]会不小心说成“活该倒霉”哦！

面对不速之客，每个人的本能反应恐怕都一样，就是尽可能少跟对方废话，然后祈祷奇迹出现，让对方赶快消失。再怎么说，我们也绝不可能老是违心地挤出笑容陪他老人家吧？嘿嘿，恭喜你，又答错啦！

正确的解决方法

一旦你错已注定（邀请了不速之客），就别再费心考虑怎样表现才能尽量不伤害对方的感受。实际上，你的小小犹豫都可能让对方看出破绽。我的做法是：义无反顾地把错误进行到底！

知道妮娜要来之后，我马上展开了行动。首先，我要给她传递一个信号：佛罗里达热烈欢迎她！我打电话给妮娜，问她有没有买机票。得知她还没有买，我马上“焦急”地说：“一定要尽快去买，越临近感恩节机票价格涨得越高。”她对我的热情很感激，先前的小小疑虑很明显已经消失了几分，看来我这个朋友确实够真诚。

接下来，我花了半个小时在网上帮她找便宜机票。等我再打电话催促她买票时，妮娜的担心已经彻底消除了。然后，我又把介绍萨拉索塔景点的网站和海滩照片用邮件发给她。而且，我还知道她是个酷爱购物的女生，所以还特别附上了所有购物中心的地址。这一招儿再次证明了我多么期待她的到访。至此，她已经完全相信我的热情欢迎是发自内心的。看似很费劲儿吧，其实我付出的代价还不到一个小时。这样就能打消妮娜的疑虑，同时证明我并不虚伪——嗯，很划

① 在西方文化中，一个人打喷嚏被认为是魔鬼入侵灵魂，所以别人往往要祝福一句“上帝保佑”。——译者注

算嘛！

那么我的回报是什么呢？这才是所有努力的关键。呵呵，其实，如果你对这种情形表现得越热心，就能越轻易地让对方忽略见面之后的平淡。因此，等妮娜到达后，我完全可以把她一个人扔到海滩然后去忙自己的事，而且还不会感到任何愧疚，不用担心她会探查到我的“情绪泄露”。

这个小窍门除了可以用来应付不速之客，还能帮助你应付任何必须假扮热情的场合。它能很好地掩饰工作、旅行和会友中的厌恶之情。另外，对于必须参加的聚会、必须面对的客户和必须交往的头痛人物，它也能很好地发挥作用。

小窍门 43

用热情掩饰你的不快

遇到不速之客或类似情况时，你会感觉像是瓶子里的蚂蚁一样四处碰壁却无处可逃。我的建议是，你不但要接受事实，还要表现出由衷的高兴。在见到对方之前，要想尽办法让对方感受到你的热情，这样他们就察觉不到你内心的真实想法。而且，有了前面的铺垫，等你们相处时就不用再时刻做假面人，担心自己会流露出负面情绪了。

前面我们已经讨论了如何让别人欣然接受你的邀请，如何拒绝别人的邀请，以及如何应付不速之客。下面我们要面对的情况更棘手——如果避免自己成为令人避之唯恐不及的人？

如何避免自己成为扫兴的客人?

如果说生活就像一场电影，那就需要有主角、配角和跑龙套的。对于单身的人来说，生活中的重头戏就是不断寻找另一半——和你共度余生的“男一号”或“女一号”。

几年前我曾遇到一个男人，他叫戈登，高大帅气、幽默风趣、事业有成，而且在我看来也挺聪明。我当时几乎马上就感觉到他就是我苦苦寻觅的真命天子。戈登经营一家小旅行社，服务对象是清一色的名门望族。以他的条件，不干这行还真是浪费人才。

他的魅力深深地吸引了我。一起参加几次派对之后，我开始期待他能和我约会。但遗憾的是，对方竟然毫无动静。不得已之下，我只好绞尽脑汁找机会跟他在一起。这一天，机会终于来了。

有家公司正考虑请我担任咨询师，帮助其员工提升沟通效率。为此，公司首席执行官米尔特·费因斯坦和营销总监黛博拉·乔顿，邀请我到一家高级餐厅共进晚餐，一同商讨具体事宜。因为他们都带着配偶参加，所以自然也邀请我带着伴侣赴约。我心中暗喜，第一时间就拨通了戈登的电话。

参加晚宴的那天晚上，大家尽情享受着鸡尾酒，聊的话题轻松愉快。戈登无疑是众人关注的焦点，一切都进行得非常顺利。

噩梦降临

很快，服务员上来点菜，为了节省时间讨论正事，大家都点了比较简单的东西。可戈登却大不一样，接过菜单仔细研究起来。他一边看一边问服务员，让他详细介绍芦笋龙虾和鲜辣鱼酱拌烤鹌鹑沙拉的做法。于是，众人只好耐心地等待，听服务员不厌其烦地讲述各种烹炸烤制方法，甚至是龙虾的产地。

米尔特和黛博拉互相朝对方看去，脸上不由挂满苦笑。看来，他们确实没想到我带来的这位居然是个“内中高手”。我则尴尬得连头都不敢抬，假装不停向脚下张望……

拜托，戈登！大家来这里是讨论正事的，你也太煞风景了吧，花了整整10分钟还没想好吃什么！你让我的脸往哪儿搁啊？

更绝的还在后面，听完服务员的详细介绍，这老兄居然还不满意，他语气生硬地说：“算了，还是给我上龙虾吧。”嘿，您这范儿可够大啊！这可是整个餐厅里最贵的菜啦！

好不容易等这场闹剧结束，大伙儿终于又聊起正事。米尔特和黛博拉的家属一看就是明眼人，听到谈公司的事便不再插话。可没想到，戈登似乎完全没意识到我们的目的，几次三番扯出自己感兴趣的话题大侃一顿，搞得我们面面相觑，一时不知该如何是好。

快闭嘴，戈登！人家在讨论公司大事，你也太不识趣了吧！人家打算请我去帮忙，所以才和我一起商谈。你跟这儿瞎起什么哄啊！

至此，我对这位“男一号”已经彻底丧失信心，只盼他能不再添乱子就谢天谢地了。我费了老劲儿才终于把局面控制住，重新谈起公司事宜。让我无奈的是，戈登突然又来了兴致，大谈特谈起自己公司在沟通方面遇到的问题。这下子，我终于明白，这家伙就是一扫兴鬼，别说配角，恐怕以后想在我的生活里跑龙套也不可能了！当然，各位也许不难想到，本来已经到手的机会就这样让我白白地给糟蹋了，那家公司最后还是取消了跟我的合作。戈登啊戈登，我可真要好好感谢你，我的大好前程就让你“咯噔”一下给断送了！

这种事天天都会发生

人们往往会错误地定位自己的临时角色，这种情况并不只是在社交场合才会出现，在生活中到处都会发生。比如，喜欢自吹自擂的出租车司机，爱接别人电话的门房，聚会上没事就瞎出主意的“万事通”……他们统统都是在你生活的某个特定场景中出现的“多余角色”。当然，反过来说，当角色转换，这些司机、门房和万事通成为“主角”时，你也有可能成为他们生活中的多余者。所以，做人贵在要有自知之明，不是自己唱主角的戏千万别喧宾夺主。

除了纯正意义上的交友派对，其他类型的聚会多半都有特定的目的。参加之前最好认清自己的角色是唱主角还是跑龙套。当大家的交流逐渐转入正题时，考虑好到底是否和自己相关，否则最明智的选择就是微笑着闭嘴！

小窍门 44

在聚会中要清楚自己的角色

只要跟人打交道，无论何时都是在“秀”自己。但有一点要牢记，如果话题跟你相关，那么积极参与；如果跟你无关，那就别去乱搅局。否则的话，你会受到大家一致的鄙视，而且很有可能从此对你避之唯恐不及。

下一个小窍门，我们来研究一下怎样请客才能给对方留下深刻印象。

如何给宾客留下深刻印象?

在餐厅请客吃饭，结账时往往是最富戏剧性的一幕。虽然处理的方式有好多种，但其中最让人头痛的莫过于双方都抢着付钱。

当你和朋友结束晚餐，服务员刚把账单放到桌上，你和对方马上以迅雷不及掩耳之势展开争夺，嘴里还大声嚷嚷着：“让我来付！”那情形、那气势，好似两只塘鹅一起冲向水中的同一条鱼，唯恐让对方占了先机自己却失了面子。几番争夺下来，这场好戏不但扰了四周的食客，还让服务员十分尴尬，不知该如何是好。最糟糕的是，你们的豪爽似乎并未产生什么积极效果，反而让人们颇感俗气。毕竟，就算抢到付钱的机会，这番精彩“表演”恐怕也上不得什么台面。

其实，想要避免这种闹剧很容易。你可以比对方提前赶到餐厅，把信用卡交给服务员，让他在你们吃完饭时拿着账单和卡过来签字即可。这样就能免除一番粗鄙的你争我夺。

晚餐结束，当服务员拿着账单过来，你只需添上小费签单即可。等朋友或同事开口反对时，轻描淡写地来一句：“不必，已经搞定。算我的！”大家肯定会对你的洒脱刮目相看。

给单身女性的建议

如果你和某位男士已经约会一段时间，而且感觉这次应该由自己买单，记住一定不要当着对方的面结账。这种事男方肯定是宁死反对，因为如果让旁边的人看到，那可就太丢人了。

女士们，你们可以提前到餐厅几分钟，事先把信用卡交给服务员。这样做最后可能会招致男伴的口头抗议，不过暗地里他会想：

哇！这样的女友好体贴！

第45个小窍门其实用处非常广，并不是只适用于餐厅请客。请人看电影、看比赛、听音乐会、上酒吧、去俱乐部等，各种可以提前付费的场合都适用。

怎样花钱更有品位？

下面我们要来点有层次的才行。说到饮食，最高的享受莫过于豪华法国餐厅了。从雪白的桌布到身穿礼服的服务生，一切体验都是一流的。当然，价格也是一流的！

比如说你想宴请重要客人，或是想和意中人浪漫一把，这里无疑能给对方带来深刻印象。

尝过开胃菜，你可以借口上个卫生间。找到餐厅领班，把信用卡交给他去复印，答应给他18%的小费并当场签字。所有这一切的条件是，让对方记住你的名字。这样，当结账时，他便会走到众人身旁宣布“您的帐已结清”。

接下来，你有两种方式可以把整个现场推向高潮：

1. 领班为你递上预先签过名的收据，这样能给全场观众留下深刻

印象：“哇！这家伙真牛，肯定是这里的常客，这么豪华的餐厅居然给他开了个人账户！”

2. 要是你信得过餐厅，告诉领班结账时什么单据都不用拿过来，只要带着一脸奉承的笑容过来跟大家告别即可。这一招儿更猛，估计你的客户都不相信自己的眼睛了，他们心里肯定会想：“乖乖！这家伙到底什么来头啊？竟然让这么高级的餐厅荣幸到‘本店请客’的地步？”

小窍门45

请客消费时预先付费

当你需要请客时，可以提前到餐厅或活动场所预付费用。这样不但能避免事后争执，而且会让对方感到你够潇洒。

要想给对方留下非常深刻的印象，可以再来几个小动作。比如私底下预先付费，提前给服务员塞小费，暗中“买通”餐厅领班等。记住，小费付得越多，服务员和领班的笑容就越灿烂！

瞧，够简单吧！接下来要做的事，就是欣赏对方目瞪口呆的表情吧。管她是潜在客户还是未来女友，统统搞定！

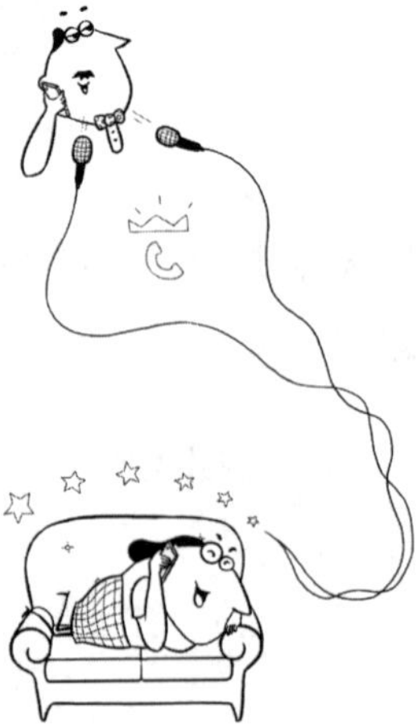

Part 6

成为沟通大师的13个小窍门

即便你已经很清楚对方的要求，还是要拿笔和纸写下来，这样才能让对方真正放心。这个小动作足以保证对方晚上睡个好觉，而且会对你的做事能力赞赏有加！

如何应对迟到的情况?

这天早上，某保险公司（我正为该公司提供咨询服务）的首席执行官科恩召集全体员工开会。不一会儿，大家陆续到齐，唯独不见桑德拉。她可是老板刚招来不久的金牌保险理赔员。想起她平日里的积极表现，科恩这次心里不免有些失望。

不过，会议还是照常开始了。大约过了 10 分钟左右，众人才看到桑德拉不慌不忙地走进了会议室。她只说了一句“很抱歉，各位”，就上前坐下，好像没事人一样。

果然不出所料，这让很多员工的表情开始不自然起来，他们内心仿佛在说：“啊？这样也行？怎么也要说个理由吧！”

会议继续进行，桑德拉表现得跟往常一样积极自信，就好像迟到这件事压根儿就没发生过似的。

又过了十几分钟，桑德拉举手问了个问题。她是这样开头的：“我想问个问题，可能前面大家已经讨论过了，但我没赶上。说到这件事，我儿子今天早上发高烧，为此我不得不在家等我妹妹过来带他去看医生。”接着，她又把话题转回到开始的问题上，继续跟大家探讨。

这下子，大家的表情马上变得释然起来，心里除了感到同情，更多了几分对她的尊重。为什么会这样呢？很简单，桑德拉的聪明之处就在于，她并没有带着怨天尤人的表情一跨进会议室就大讲特讲自己的不幸遭遇，那样只能让大家怀疑她在找借口为自己开脱。

会议刚结束，马上就有几个热心的同事过来安慰桑德拉。科恩甚至亲自到她办公室嘘寒问暖一番。看来，桑德拉解释迟到的方式确实给很多人留下了深刻印象。

想想也是，她肯定不能把生病的儿子一个人扔在家里来上班。而面对开会迟到的局面她选择不做过多道歉，这样让大家觉得桑德拉行事果断。她做事习惯当机立断，讨厌犹豫不决。也许还有最重要的一点，这样做是想表明她不会受到其他人的影响和威胁，哪怕她才刚入职不久。

对习惯于职场拼杀的人士来说，在做出选择时展现自信，把别人的想法抛到身后，这是两条实现成功的重要素质。同样，清楚自己何时该说抱歉、何时坚守原则也非常重要。在男性看来，说出这两个字往往意味着承认自己有错；而女性则通常认为，这么说是处理尴尬局面时的一种优雅方式。因此，说抱歉到底是否合适，关键取决于你要面对的是男性还是女性。

这个小窍门的唯一缺点在于不能老用。要是你三天两头地迟到，最好当作没读过本节内容。

可要是你惹的麻烦很严重，大大超过一次迟到，该怎么办？

小窍门 46

别急着道歉

急着道歉只能贬低别人对你的看法。当你开会或参加活动迟到时，不要急匆匆地一进房间就大声嚷嚷迟到的原因，只要一句“抱歉，各位”就足够了。

等会议或活动进行一段时间后，你再找机会平静地说出原因，比方说遇上大塞车，被牙医耽误时间，宠物生病，或是孩子发烧等。使用此招时，注意要给对方留下真切诚实的印象，不要在意别人先前对你的误解或负面印象。

如何应对犯错的情况?

小时候我们都有自己喜爱的漫画人物。不过，我的漫画英雄从不轻易告诉别人。为啥？嘿嘿，因为没几个小姑娘会像我那么癫狂，居然不爱芭比娃娃爱神奇女侠！用漫画书上的话来形容，神奇女侠具有“赫耳墨斯[1]的神速、雅典娜[2]的智慧、赫拉克勒斯[3]的力量和阿芙罗狄忒[4]的美貌。”另外，我还超爱她那双热辣迷人长及大腿的红色皮靴，实在是太有型啦！

我最喜欢的桥段是，神奇女侠娇喝一声伸出手臂，对方射来的激光束被她超酷的银色手镯一一挡开。只听见乒乓之声不绝于耳，她的胳膊抡得跟风火轮一样快，把射过来的子弹统统都打飞掉。耶！我的神奇女侠真是所向无敌！

不过，学会了下面的小窍门，我相信你也能像神奇女侠一样超级无敌。谈笑自如中就能把对手的凌厉攻击给化解得无影无踪。要说起来，这一招还是我在电视转播的新闻发布会上跟一位女官员学来的。

---

① 赫耳墨斯（Hermes），希腊神话中的信使之神。——译者注

② 雅典娜（Athena），希腊神话中的智慧与知识女神。——译者注

③ 赫拉克勒斯（Hercules），希腊神话中的大力神。——译者注

④ 阿芙罗狄忒（Aphrodite），希腊神话中的爱与美神。——译者注

那段时间，美国的国内形势特别差，很多人都为此指责总统失职。因为总统出台的快速解决方案很明显无法扭转不断恶化的局面，于是马上遭到了民众的反对。

神奇女侠智斗强敌

当新闻发布会开到一半时，有位记者愤怒地问道："即使你的民主党同僚投票反对（总统的方案），你也不相信他们是正确的吗？你不是也对总统的方案投了赞成票吗？"

这种厉声质问，要换做我们一般人，恐怕第一反应就是小心翼翼地说声："对。"然后马上提高音量来句："不过……"以掩饰自己的错误。但让人出乎意料的是，这位女发言人并没有这样做，而是充分展现了赫耳墨斯的神速和雅典娜的智慧。

只见她直视记者的双眼，微微一笑，然后说："你的问题非常好，我很高兴能回答这个问题。"这样的反应却是让大家始料未及，会场一下子安静起来，静候这位发言人表述自己的观点。

她接着说道："没错，我确实认为这是正确的解决方案，而且我确实也投了赞成票。"此言一出，满座皆惊，大家都没想到这位女发言人竟然如此坦诚，心底也不由暗生几分佩服。

那么，各位亲爱的读者，她的策略是如何一步步加以实施的呢？

1. 首先，她对记者称赞一番，这样能满足对方的自尊心，打消来势汹汹的非难和指责。

2. "我很高兴能回答这个问题"一句巧妙地让大家相信，这个问题并不会吓倒她。实际上，她甚至在暗示大家自己喜欢应对这种问题。

3. 接下来是最让大家吃惊的做法——一字不差地重复对方的问

题："没错，我确实认为这是正确的解决方案，而且我确实也投了赞成票。"

然后，这位女侠发言人停顿了一下，像是要让大家仔细体会一下她的话。接着才实施最后一步：说明自己的道理。最后，她还不忘来一句："非常感谢某某记者先生给我这个机会来解释这个问题。"

哇，这一手露得可真是帅呆了，谁都看得出在这场较量中是女发言人大获全胜。

练好这四步，你也能天下无敌

要是下次有人找你兴师问罪，而且你确实有错在先，不妨也试试上面那招"以礼待兵"。

首先，你要真诚感谢对方提出问题，化解对方高涨的"问罪"情绪；接着，逐字逐句地重复对方的问题。注意，千万不要偷换字眼！比如，对方说你"窃取"，你就不能说自己"误取"；对方说你"掩盖事实"，你就不能用"我忘了说"来偷换概念。另外要注意的一点是：千万不要用"可是"、"不过"等字眼儿。这样等于先是勇敢承认错误，接着马上找借口逃避问题。要是你确实犯了错，就大胆面对，千万别狡辩。

第三步很简单，说完上面的话就停顿几秒钟，然后用自信的语调解释自己的原因，澄清各种误解或谣言。注意声音要诚恳真切，一定不能让人感觉你在找借口。

如果不需要为自己的过错辩解，可以告诉对方自己从中吸取了哪些教训。这一招百用百灵，不信你就试试！

小窍门 47

重复别人质问你的问题

要是你犯下严重错误，被人现场质问，就用下面四步来脱身。

1. 安静地听完对方的质问，然后告诉对方："很高兴你提出这个问题。"

2. 顺着对方的话说，然后一字一句地重复对方的质问。不要说些什么"如果""而且"或"可是"，也不要更改对方质问你的字眼。

3. 停顿几秒钟。

4. 接下来毫无保留地告诉对方你这么做的原因。要是没有什么合理的解释，那就告诉他你从中吸取了哪些教训。

要想来句锦上添花的话，最后可以向对方表示感谢，感谢他指出你的问题。这一手能彻底解决对方，让他对你的翩翩风度佩服得五体投地。

人小鬼大照样赢

亲爱的父母们，想象一下一家人正其乐融融地围在桌前吃晚饭。身为老爸的你板起面孔对 10 岁的儿子质问道："妈妈说你今天在厨房踩凳子偷拿奥利奥饼干，有没有这回事？"

小家伙镇定地回答："老爸，很高兴你提起这件事。妈妈说得完全正确，我是今天在厨房踩凳子偷拿奥利奥饼干了，有这回事。"

停顿。寂静中。

“因为今天有个家伙把我的午饭盒拿走了，所以从早上到中午我都没东西吃。我保证下次会把午饭盒存放到更安全的地方。老爸，谢谢你给我机会解释这个问题。”

呵呵，有子如此，你还不一边偷着乐去！

如何留下可靠的印象?

你有没有过这种感觉?好端端的人会被某公司的客服人员气得完全失去理智,真想一枪打爆对方的头才解气!不骗你,我就有过这种经历。不过好在最后一秒我及时恢复理智,想想看,一时之爽换来一辈子牢狱之苦太不划算,只好悻悻然作罢。

有一次经过长途跋涉的飞机旅行,我疲惫不堪地来到堪萨斯城的一家汽车租赁公司租车,因为明天我还要开车到威奇托市参加另一个研讨会。车行的人告诉我中型车已经被租完了,要是我愿意的话可以租一辆微型车给我。想想自己要开着奥拓一样的小东西在路上和各种重型卡车、摩托车玩捉迷藏,得了,还是自己的小命要紧。于是,我问对方明天一早能不能搞到一辆大一些的车。

“没问题。”对方拍着胸脯向我保证,“今天你先开着小车,明天我给你换成大的。”

“那……好吧。”我犹豫着看了看他的胸牌说,“嗯……萨米尔先生,你保证能给我租到大车吗?我明早 5 点一定要用的。”

“没问题。”对方的笑容很自信。

我可不敢让他在这种要命的事情上犯错,于是让他给我住的酒店留言确认租车事宜。

“没问题。”他还是那副不变的笑容。

“我住在凯悦酒店，电话是816-123-1234。”很明显，我还是不太放心。

“好的，车一来我就给您打电话。”

“嗯……那个……你是不是用笔记下来比较好啊？”我建议道。

“不用，我记得可清楚了。”

“吹吧你就。”我一边嘀咕着一边走出车行。恨恨然一脚踩下油门，小车绝尘而去。

来到酒店，想起那个萨米尔的表情我就来气。这小子，可别净跟我吹些没谱的事。安全起见，我还是拨通了对方的电话，想提醒他别忘了给我找车；当然，还有记住我的电话号码。

接电话的是另一个男人，我像遇到了救星，马上向他大倒苦水。

“朗帝女士，不用担心。萨米尔已经给您的房间分机留言了。我们为您预留了一辆中型车和一辆大型车，以备您的不时之需。只要您有需要，请随时通知我们。明天早上5点您预订的车辆会准时开到凯悦酒店的大门口。”

“哦……那好……我是说真不错。非常感谢。”

对方肯定是听出了我的犹豫，接着对我说：“还有，萨米尔的事请别担心。他是我们这儿最好的员工，从来不忘客人的吩咐。”

挂上电话，我就想是否该夸一下萨米尔能力出众呢？当然不能！

我的右脑又开始和左脑打架了：“切！他干吗不把客人的要求给写下来？”

左脑不同意了：“瞧你那傻样儿！人家萨米尔就是聪明，根本不需要用笔记。”

“谁说的？他必须记下来。”右脑也发飙了，“就算他记性好，可我是客户，保证客户满意是他份内的工作。所以只要客户要求了，就必须记下来！”

“好好好，我不跟你争，算你对行了吧。我认输！”

办公室里的好计策

当然，把听到的东西写下来不光只是用来安抚“刁蛮”客户的。实际上，只要有人告诉你稍微复杂一些的信息都应该写下来，这样才能让对方放心。大家可以想想看，要是上司说话时看到你不但听得很认真，而且不时地往本子上记两笔，肯定会对你印象深刻啊。甭管你记性有多好，哪怕脑容量跟大象脑袋一样吓人，那也不如在本子上寥寥写上几笔更让对方放心。只要你没有记下来，人家肯定要怀疑你是否真的能记住。

朋友相处的小秘诀

和朋友相处时，把对方的话记下来也是个很好的办法。这一招对非情感型朋友尤其有效，比如我的柏拉图式男室友菲尔就是这样。菲尔心眼儿好、脾气好，做事从来都有条不紊——嘿嘿，这点儿绝对不合我的胃口！他的钢笔、记事本、透明胶带和订书机，每次用完都放在电脑旁边相同的地方，永远都不会改变。要是我用完钢笔随手放到别的地方，他根本都懒得找，直接过来问我要。不过，每到这时我都能察觉到，他的脸上肯定写满了不高兴。

后来我终于明白，菲尔是属于思考型或者说完美主义类型的人。于是我就想哪天试他一试。后来我们再聊天时，我就在身边放一个小本子，每次想到什么东西就往上面随手一记。

没想到，这个小举动竟然引起了菲尔难以置信的反应！他对我的佩服指数迅速开始飙升。现在我学乖了，每次跟他谈事都在身边带上纸和笔。慢慢地，他开始觉得我似乎比以前好了很多，做事不再率性而为不讲条理。

小窍门 48

把对方的要求记下来，哪怕你并不需要这样做

即便你已经很清楚对方的要求，还是要拿笔和纸写下来，这样才能让对方真正放心。写的时候，还要用那种真诚的“明白您的意思了”的眼光不时抬头看看对方，然后再埋头继续往下写。这个小动作足以保证对方晚上睡个好觉，而且会对你的做事能力赞赏有加！

下面一个小窍门，与其说是讲如何给别人留下深刻印象，还不如说是讲如何让对方明白你对他们的深刻印象。

如何在背后议论别人?

我曾做过几年空乘工作。那时经常和我一起飞的有位叫托娃 · 斯文森的同事，她是所有空乘人员中最受欢迎的一位。我们曾一起分享过很多工作经验，比如一起参加机场组织的进修培训，一起到航站楼接待机组人员。当然，偶尔也会在中途转机时一起来个约会四人组之类的浪漫小插曲。

说到这位平时特别注意淑女形象的姑娘，有一件事老是让我困惑不解。她跟人说话时，总是很奇怪地会把个别句子拉高音调来讲，说完又会回到先前的正常状态。这让我好一阵子都不明所以，因此我决定暗暗调查一番。

后来我果然逮到了机会，有次上完培训课我们一起离开机库，我发现她又提高嗓门说了句话。当时，我们刚走出门，只听她大声对我说：“嘿，这位老师可真不错，我从他那儿真学了不少东西。”当然，那么大的声音，离我们不远的讲师不可能听不见。

托娃的绝招

第二次高音体验是在航站楼。我们刚和一位同事聊完，转身走开没多远她就对我说："哇，她人超级好。你有没有和她一起飞过？"肯定，这位同事也会不小心听到托娃对我的"窃窃私语"。

嗯……这个古灵精怪的家伙，到底在玩什么花招？

等到第三次，我心中的怀疑果然得到了证实。这一次我们是去参加中转站的一个聚会，聚会结束出来时，女主人站在门口跟我们挥手告别。当时我们离门口也不过就10码远，托娃又大声对我说道："嘿，今儿晚上的聚会可真棒啊！"呵呵，那位女主人想不听见都难！

我想，现在大家肯定和我一样明白为什么了吧。好个托娃！这一招还真是"夸人不带当面儿的"，让人不得不服！看起来，她是在向我夸那位讲师、同事和女主人，只不过说的时候声音"不小心"稍大了些，"碰巧"又让被夸的对象给听到了。你想啊，说话如此"不把门儿"的美女，能不受大家欢迎吗？

小窍门 49

让对方"意外"听到你的赞誉之辞

有没有比听到赞美更好的事？当然有，那就是听到别人在背后称赞你。小时候爸妈都教过我们："别在背后议论别人。"现在这句话可得改成："一定要背后议论人——不过只能说好听的才行。"而且，说的时候还要注意控制音量，要"恰好"让对方听到哦！

你有没有跟人聊天时很尽兴，可事后却想不起和对方说了些什么的经历？实际上，你不但想不起你们都谈过什么内容，甚至连自己说

过些什么话都没印象。尽管如此，可你就是能感觉到跟对方聊起来特轻松。

这就是我们接下来要教给各位的小招数。如果大家每次坐下来跟人聊天时都能勤加练习，这种能力一定能帮助你成为谈话高手。

如何交流让对方更舒服？

一个星期天早上，我在户外骑车锻炼，有只德国牧羊犬跟在我后面穷追不舍。我也来了兴致，把车骑得飞快，还不时回头看看它追上没有。这场比赛的结果是我赢了，但代价是从车上摔下来扭伤了脖子，不得不住院治疗。

那天晚上，男友斯科特带了个朋友来医院看我。斯科特坐在我身边，他的朋友坐在床尾。因为扭了脖子，我没法回头看到斯科特，不过感觉告诉我：他似乎有些懊恼。想想他可能是在同情我的遭遇，所以当时我也没怎么在意。

转眼过了一周，这天我们来到一家餐厅吃饭，那个服务员很讨厌，一直喋喋不休地向斯科特介绍特色菜，压根儿就当我不存在一样。

等她走了，我抱怨道：“这算啥服务啊！也太过分了吧，跟你说半天居然连正眼都不瞧我一眼。”

“得了，莉儿。那天在医院里你还不是一样？看都不看我一眼，却老盯着我老兄不放！”斯科特的话明显有些酸酸的味道。

我马上反驳道：“哎，不是我不想看，是我脖子扭了看不到你啊！你坐我旁边，刚好是我没法扭头的一侧，我跟你说话能不难受吗？看你朋友是因为他坐我正对面，看起来不费力气。再说，你干吗不拿个椅子坐到我不用扭脖子就能看到的地方啊！”

这个小插曲让我敏锐地意识到一个大家平时常常会忽略的问题。舒适的交谈不单单包括良好的措辞和身体动作，甚至也包括你和对方坐的位置，以及这些座位是否舒服等微小的细节。

招待宾朋的时候，很多人都会注意，客人的座椅太硬了不好，摆放的位置有阳光直射到也不好。但一般人能做到的也就仅此而已。其实，要想充分享受聊天的乐趣，大家一定要小心，如果让座位的问题引起身体的不适或是产生压力感，那就得不偿失了。

比方说，你要是在办公室里跟人闲聊，让对方坐到办公桌对面绝对是个错误选择。那会让对方感觉像是在参加面试，哪里还能轻松得起来？那该怎么安排呢？你可以让他坐在你身旁，这样他就会感觉好很多。要是你们在会议室交谈，那也简单，你可以先让对方选择座位，然后再选择最适宜跟他谈话的位子入座。

要是两对情侣一起聊天，注意两人不要坐得太分开，否则你的她或他就不得不一会儿转过来跟你说两句，一会儿又要转过去对别人说两句，搞得好像看网球比赛似的，那叫一个累啊！要是你和某人一起坐在沙发上聊天，靠得太紧也不好，你应该尽量挪出点儿距离，这样对方说话时就不用因为频繁扭头而伤了脖子。

要是和坐轮椅的人交流，注意别跟电线杆子似的立在人家跟前，这一番对话下来人家老得抬头看你，还不弄得脖子抽筋啊！你应该坐在和对方同一高度的地方，或是站到他正前方，距离以能让对方毫不费力地看到你就好。

跟上了年纪的人对话时要更关心对方的感受。要知道，每过 10 年，扭动脖子这样的小动作对他们来说都会难上几分。还有，让老年人坐很低的沙发也是个麻烦事，每次都要费很大功夫才能站起身。要是对方已经 70 多岁，可以让他们坐高一些，有笔直靠背的椅子。另外，椅子的摆放位置不要离你太远，这样如果对方听力差劲儿的话还能看到你的嘴唇，大概能猜到你在说什么。

总之，在考虑座位摆放时我建议大家能采用风水理论。在中国，人们非常热衷这种方法，据说它能通过复杂的排列达到趋吉避凶的效果。当然，我们的目的不过是为了让交流各方达到最大的舒适感而已。

想想也是，既然在中国能用风水给逝者选块好墓地，咱们为活着的朋友费点心思排排座还不是情理之中啊！

小窍门 50

聊天时确保对方坐得舒服

去别人家里或办公室时，别大大咧咧地瞅哪儿坐哪儿。找座位也是门学问！招待客人入座时，要全面考虑对方的年纪、能力、地位（详见后面章节）和性别等方面的因素。可别小看小小的摆座事宜，它对交流双方的影响会远远超出你的想象！

如果对方是男士，你要考虑得更多

姐妹们，老实说，在我的成长过程中，无论是心理学家、精神学家还是女权主义者，都没少跟我鼓吹什么男女都一样。在这场旷日持久的“基因决定论还是环境决定论”的纷争中，大多数人还是认同环境对性别差异形成的影响更大些。

但是，神经外科医生对此“世纪性启蒙”问题已经得出了科学结

论。他们用高级精密的仪器对精确定位的神经细胞簇进行观察，发现人脑中确实存在不同的性别倾向。举个例子来说，对于男性而言，如果座位背对着门口，至少会让他感到不安，严重的话甚至能让他完全失控。

不知道是不是因为西部牛仔片看多了的缘故，我发现头戴白帽、手里甩着枪耍酷的好人在酒吧里从来都是背对大门，而那些头戴黑帽的坏家伙总是能找到机会从他们背后偷袭（绝对是真的！好老套啊！）。虽然不知道这个说法到底是怎么来的，不过可以肯定的是，如今好多人还是对按性别排座位的游戏热衷不已，讲起来都是一套一套的。

女士们，当你走进一家餐厅选好了桌子，记住一定要把“最佳座位”留给一起来吃饭的男士。按照男人的想法，最好的位子可能并没有最佳的视野，也不一定是冬天里最暖和的地方或是夏日里最凉爽的地方。要想让他不发牢骚的话，最好留给他面对房门的座位！

小窍门 51

让男人的座位面对门口

为什么男人的座位背对门口时就会抓狂？对于这一点，虽然科学家还没有分离出他们特定的控制基因，但是请相信，这绝对是一条无法解释却又无可置疑的真理。

姐妹们，当你走进餐厅、会场或是其他场所时，最简单的方法是直接找到背对门口的地方坐下来，因为我们的大脑能接受，可男士们不行！

等一下，这么说好像更复杂了

下面要说的都是经过总结的经验。当然，你尽可以当作玩笑之谈，或是当别人安排座位时留意看看是否确实如此。

女士们，如果说男士为你安排的座位能反映出他对你的感觉，不知你们是否相信？同样，先生们，某女士凭直觉给你指引的位子也能暗示她的心理秘密，你们又知道吗？

也许你很清楚，聊天时如果相对而坐会产生距离感。但身为女生的你恐怕没听说过，如果男士让你坐到他的左侧往往意味着："我们仅仅是朋友而已，千万别误会。"

与此相反，如果他允许你坐在他右侧，意思就大不相同啦。为什么呢？因为男人总是喜欢"自己"的女人坐在右侧。好啦，别又问我为什么，因为我也弄不明白。男人就是这么奇怪的动物，谁知道他们的脑袋里是怎么想的！

先生们，你们的原则真的好麻烦！

好啦，我们来假设一下，要是男人都奉行"面对门口"的入座原则，那你们和男性同事、朋友或是老板一起入席时该怎么办？岂不是要强压自己的雄性激素水平和大男子主义，无奈地屈尊背对门口吗？呵呵，好复杂啊，想想都头疼。

而我们女人从不用去考虑这些弯弯儿绕。每逢聚会，女生从来都是随意落座。当然，如果其中有帅哥的话，那可就不一样啦。

说到排座的艺术，社交场合与商务场合的要求可完全不一样。下面我们就来看看如何在工作中对待这个问题。

如何吸引大家的注意力?

坐飞机时，你是不是经常会跟空姐或周围的人为了座位问题唧唧歪歪上半天呢？想靠窗口还是靠过道？是坐前面还是坐后面？真够烦的呢。要是就一两个小时的行程，何必要费那么大功夫较劲呢！

可是，如果换个场景的话不计较可就不行了。试想一下，要是参加商业谈判或是公司会议，该往哪儿坐可是大有讲究的。

第一条原则是，如果是参加会议，选好位子之后就不要变。随意更改座位弄不好会把整个公司搞得鸡犬不宁。

去年五月，我给一家隐形眼镜公司做演讲，演讲的题目是“变化”。跟组织其他活动时一样，公司员工来到会场时都是随意落座，没什么特别的讲究。

整个上午我们一直都在讨论在企业环境中保持灵活性的重要意义。与会者都认同这一点，即员工的善于创新求变对于公司实现成功具有重大作用。

午饭前，我把一半的员工拉到旁边的小会议室，悄悄对他们说：“注意保密，你们吃完午饭后提前 10 分钟过来，然后挑一个和上午不同的座位入座。”

午饭后

下午 1:20 左右，接到我通知的员工纷纷赶到，按我的要求选了不同的座位。等到一点半，其余员工才姗姗来到。接着我听到人群中开始有七嘴八舌的声音传来：“嗯……我想你坐错地方了吧，这是我的座位。”“不好意思，这个位子有人了。”慢慢地，商量的语气升级成了刺耳的争吵：“嘿，你怎么回事啊！”“哎，我说你就不能另外找个地方啊？”混乱的局面在继续：“你占了我的座位！”“起来！这是我的地方。”

稍微腼腆些的员工站在门口吃惊地望着眼前乱糟糟的情况不知所措，还有的人徒劳地寻找空座，却发现早已被人占去。几个“顽固派”则起劲儿地想把先到的人赶走，仿佛那是自己的卧榻，容不得他人酣睡。

我盯着这番情形一言不发，没多久，有几个还没入座的员工突然像是明白了什么，开始咯咯笑起来。没错，这不过是我的一个小实验而已，想让大家明白人们是多么习惯旧传统而反对新变化。很快，在场的人都恍然大悟，哄然大笑起来。

说来还真是耐人寻味，即便在大家都明白这是个测验之后，先前占座的员工起身后竟然还是直奔上午的老地方就座！看来，我们习以为常的想法确实非常顽固，不是朝夕之间就能改变的。

唉，我的主题演讲还是收效甚微啊！

我为什么要讲这件事呢？没错，正是因为人们总认为自己在公司的座位应该雷打不动，所以我才能利用这一点判断出大人物们的位子在哪里。所以，下次再碰到这种场合的话，记住千万别随便乱坐。

好啦，明白了这一点我们就可以继续往下谈了。

坐在大人物的右边

不管是否正式宣布，所有的聚会场合都会有一个中心人物，他或许是公司老板、领导或是最受尊敬的人物。显然，这位大人物肯定是要坐在会场中最醒目的位置。要想给自己提身价又不想让别人看出来，你可以早点儿赶到会场进行观察。找到大人物的“宝座”你就成功了一半。

小心！我只是说找到宝座就好，你可别自己一屁股坐上去，那可是个火药桶，弄不好会把自己给炸得粉身碎骨！

我的窍门就是，选“老大”右边的位子入座。这样会让人以为你是他最信任的顾问，或是左膀右臂之类的干将。可别小看这一招，在很多谈判场合中，狡猾的一方总会提前来到会议室确定对方中心人物的座位，然后派出自己一方的“卧底”坐到他的右侧。呵呵，这样就等于“斩断”了对方的左右手。够黑吧！不过对谈判高手来说根本不算啥。

小窍门 52

坐到“关键人物”右边

一走进会场，目光要直盯“老大”右边的位子，这可是全场“一人之下，万人之上”的宝地。要想让大家感觉你跟“老大”倍儿铁，可以不时俯身过去跟他耳语几句。比如压低声音跟他说：“麻烦您把水杯递过来好吗？”嘿嘿，肯定好使！

除了能在职场使用之外，这一招也能用于其它场合。比如你可以坐到主持人和嘉宾右边，或是在晚宴上坐到核心人物的右边，这些都能无形中提升你在大家心中的地位。

另一个入座小策略

要想凸显地位，另一个重要因素就是高度。也就是说，你坐得越高，让人感觉到的威望就越高。要是大家的椅子都一样高，那你就找张桌子坐！要不，坐在椅子扶手上也行。反正只要能比别人感觉高一点儿，说话时大家就肯定会仰视你。

如果是在会议室里，大家的座位一样高呢？那也一样有办法！我认识的一个金牌谈判员吉米就曾给我露过一手。他是我见过的最能讨价还价的人，虽然个头比别人要矮，可脑子特机灵，要不怎么都说傻大个儿呢，只有个矮的才心眼儿多啊！当时我正给他们公司做咨询，有一次开完会，我们俩最后离开会议室。无意中，我看到他的椅子上有个小小的方垫儿。看到我好奇的样子，吉米马上举起双手摆出一副坦白从宽状，无奈地说："好吧！我承认在椅子上偷偷放了个枕头。我想你肯定知道为什么啦。"

我毫不留情："为了显得自己高一些？"

"嗯，没错。不过有一点你可能没发现。"他把椅背转过来，我一看居然已经调到了最高点。接着，吉米压低声音告诉我，他已经把其他的椅子高度全都降到了最低。"这样能让对方感觉我的位子更权威。"他眨眨眼，一脸坏笑地说。

明白了其中的窍门，我真是哭笑不得，这心眼儿玩得也太绝了吧！不过，我还真得承认，这下子他在会议上给人留下的印象确实挺深刻。

小窍门 53

坐最高的那把椅子

如果你坐的椅子高，人们潜意识里就会对你更加尊重。所以下次开会时最好提前赶到，找到最高的椅子就等于确定了自己的权威地位。

同样，在社交聚会中这个方法也好使。只要坐得比别人稍高一些就能在交流中更好地吸引众人的目光。

普通人的心理就是这样的，如果你要仰望某人的话，很自然地就会对他产生心理上的敬意。要是现在两个位子都可以让你选择，一个是在“老大”右边，另一个是全场最高，那么当然是选后者！

好了，说完了该怎么坐，下面我们来探讨一下该如何体现权威。

如何表现权威?

在前言部分，我曾说过人们都希望能从他们所仰慕的对象那里得到接受和认同。与此相反，如果对方不是你所尊重的对象，那么我们通常就不会产生这种感觉。因此，只要有效地在你周围的朋友、同事和其他人心目中树立起权威形象，你就能逐渐对他们产生影响，帮助他们不断提升和改善自己。

还是吉米，那个身高才一米六几的驭人高手，他还告诉过我另一个赢得别人尊敬的小窍门。他说："莉儿，你平时赞同别人的意见时会怎么做？"虽然这个问题问得没头没脑，但我还是跟往常一样，放低下巴轻轻点头——没错，我平时就是这么做的。

"大家不都是这么点头吗？"我有点儿不解。

吉米低声说道："当然不是！"那神情好像是在泄露国家机密一样。只见他把头高高仰起，然后微点两下。嗯……你还别说，虽然跟我的动作只是抬头低头的区别，但看起来确实感觉他的方式更让人印象深刻。

不过，使用这一招时也要注意。如果你身上其他部位的姿势让人感觉不友好的话，这个动作不但无法赢得对方尊敬，反而会让对方认为是傲慢的表现。因此，做出这个自信举动时，最好能配合一些让人感到亲切的肢体动作。这样才会让对方感到你虽然权威，却是在真诚地表达对别人的认同。

小窍门 54

表达同意时，仰头胜过颔首

如何表达赞同？首先扬起头，然后轻点几下下巴即可。这样能更好地传达出自信。按照吉米的说法，低头轻点几下，这样的姿势感觉像是在说："师父，还是您厉害，我自愧不如！"呵呵，要想树立自己的权威形象，这可是大大地不妙啊！

女士们，我想在此呼吁你们在交流中经常采用这个小窍门，除了上面的理由还有另外一个主要原因。这是因为男性通常都比较高，因此仰头示意能和对方保持更好的目光接触。再说了，要是染了头发的话，昂起头说话更好，对方就看不到你发根的真正颜色了。这不是一举两得嘛！

接下来，我们再来看看怎样在书面交流中体现你的权威形象。

如何让签名更吸引人？

说起那些搞直销和搞募捐的人，大家也许都不陌生。这些人每天晚上都会在床上辗转反侧，绞尽脑汁，恨不得能把石头都给榨出钱来。

呵呵，大家可别误会。我想说的人，不是那些为了崇高目的付出自己宝贵时间去义务筹款的无私者，当然也不是那些为资金严重不足的文化机构奔走相告争取捐助的好心人。

我要说的是那些搞直邮的高手，只需一封够煽情的信件，他们就能轻松地打动上百万消费者的心。这些人总是能构思出绝妙的花招，吸引众人如飞蛾扑火般热情地掏出自己的支票簿、信用卡和储钱罐。

这些直邮信件的兜售伎俩可谓花样不断，层出不穷。有人会把毫不值钱的小玩意儿高价卖给你，然后把你美名为“稀世绝版尊荣华贵拥有者”，吹得跟朵花儿一样。还有人则编出个某某尼亚（根本不存在的地方）忍饥挨饿、肢体不全的孩子做幌子，声称只要购买该公司产品就能为这些儿童提供资助。而且，这些直邮专业人士还常常不惜重金参加培训，研究“白痴客户”的心理和应对之策。哦……对不起，我的意思是说“邮件用户”（瞧我这张嘴，一不小心还说漏馅儿了）。

下面我就要隆重揭秘直邮公司常用的一个小花招，不过有个前提：你可不能心存歹意，利用这种方式哄骗老太太掏出毕生积蓄，为

一个地球仪上找不着的国家的残疾儿童募捐，或是向她们高价兜售一些不出一星期准坏的垃圾产品。

答应了上面的前提你就可以大胆使用这一招了。我保证它能让你所有的书面文件看起来更真实，更有威信。

《社会心理学期刊》(*Journal of Social Psychology*)中的一项研究表明，如果使用蓝色墨水笔手写签名，其效力要比使用黑色墨水笔高21%。把这个数字应用到直销市场的话，哇，这可不是个小数字哦！

各位读者要是有兴趣，下次收到大型直邮公司的信件时可以留意一下，你会发现信的正文肯定是黑色而签名部分一定是蓝色。搞直销的行家都深谙消费者的心理，为此不惜花大价钱搞双色打印，而邮件中用到蓝色的地方只有一个——签名处。呵呵，这个对我们小百姓可就太简单了，举手之劳而已，不用掏钱也能做到！

小窍门 55

用蓝色墨水笔签名

在文件上签名时怎样才能更有范儿呢？在满眼黑压压的字里行间，一抹清新的蓝色最能使你的形象跃然而出，让人心生佩服和信任之感。所以，赶快去买支蓝色签字笔吧，这大概是你职业生涯中花费最少收获最大的投资啦！

下一节，我要介绍一个很实用但却很少有人知道的小方法，它能让你成功赢得下属的喜爱和忠诚。虽然这一招是我从一位经理那里学来的，不过即使你不是老板也能从中获益良多。

如何展现令人尊敬的笑容?

在我所见过的经理人中，沃尔特绝对不是经验最丰富的，也不是训练最有素的。他看起来跟别的公司经理都不太像，不但学历不是最高的，就连样貌都算不上出众。当我对他实情相告时，沃尔特哈哈大笑，承认我说的全都是事实。

可能所有的经理不时地都会在脑子里考虑过这个问题：“是让大家喜欢我更好还是让大家尊敬我更好呢？”可沃尔特从不操心这个问题，因为他两样儿都做到了。在他负责的部门里，员工们从来没有不同声音，也从来没有牢骚抱怨、流言蜚语和背后算计。那么，沃尔特究竟有什么秘诀呢？是什么原因让他的部门运行得如此良好呢？

周一早上的会议

为了查清其中的原因，我请他允许我列席他们公司的一次会议。

8 点 55 分。我走进会议室，员工们已经到齐了，正七嘴八舌兴奋地聊着周末的活动，可沃尔特却不见踪影。

9 点 10 分。沃尔特出现了，大伙儿纷纷起立鼓掌表示欢迎。他连忙憨态可掬地自我解嘲：“嘿，你们应该来个人叫我过来才对，只要喊一嗓子‘懒虫！开会了！’就行。呵呵！”大伙儿哄堂大笑，沃尔特更是乐不可支。

“好啦，言归正传”，他拿起矿泉水瓶在桌面上轻轻叩了几下，“今天会议的头一个问题是什么？”

经理助理史蒂夫开口了：“我不知道。”听到这话，沃尔特跟大伙儿又笑成一团。史蒂夫连忙补充道：“没开玩笑，我真不知道。”接着，他开始谈起上一周整个部门的生产情况，完了还来了句：“伙计们，就这些。”那语气简直就是活灵活现的唐老鸭！沃尔特和员工们忍俊不已，全都笑得前俯后仰。

那么，各位读者，你们从中看出哪些线索了吗？我的感觉是，沃尔特的言行让员工们感到自己是机敏的、能干的、善于沟通而且颇受领导赏识的。哪怕他们的小幽默有时候非常蹩脚，可沃尔特仍然笑得很灿烂。正是因为他的笑容有强烈的感染性，大伙儿甚至非常期待每周的例会。大家都愿意为这样善解人意、关怀下属的领导在工作上拼尽全力。

我想，现在你大概能回答前面提出的问题了：“沃尔特成功的秘密武器是什么？”没错，就是他那随时随地发自内心的笑声，正是这种笑声拉近了他和员工之间的距离。

当然，并不是人人都适合在工作中使用这种方式。阳光的笑容能让工作充满乐趣，而尴尬场合下的莞尔一笑则能显露出你的率真本性。不过，要是不管遇到什么都狂笑不止，人家不把你当神经病才怪。同样，要是光会配合领导傻笑，一看就知道那是在拍马屁。

我们要说的重点是，如果你在公司里的职位比别人高，那么时常展现温暖笑容不但能让下属感觉随意，还能让他们对自己的工作能力充满自信——这一点是每个员工做好工作所必需具备的。很明显，沃尔特非常明白这个道理。

如果你在公司里是个头儿，展现笑容还是一个非常有效的管理工具。

当下属把工作搞砸时

为了不让大家产生误会，认为我们的沃尔特经理像卡通主角沃尔特·米蒂那样没用，我要告诉大家他的另一个秘密武器。不过，作为“杀手锏”，人家可是很少对员工施展的。由于大伙儿已经习惯了他的笑脸，因此只要沃尔特稍加收敛板起面孔，就能让下属们马上明白他的不满意。这要是换了平日里总是拉长脸对待下属的老板，这个动作肯定会让员工学会自我保护，小心翼翼地生怕捅了篓子。紧接着，公司里就会暗潮涌动，各种非议、抱怨、小道消息和小报告满天飞，员工士气荡然无存。

而沃尔特从不会对员工大声呵斥，更不会怒气冲冲地指责他们。他只要收起平日的笑容就能让犯错的下属赶紧悬崖勒马，认真工作。每当这时，员工们心里滋生的只有对自己行为的懊悔而不是对领导的愤恨，因为后者只能让自己的朋友失望，不会产生任何积极效果。

我也曾注意观察过沃尔特在公司高层会议上的表现。由于参加会议的都是各部门经理和自己的上级，他在交流中就比较严肃，很少放松大笑。跟前面的表现相对比，不难看出他的笑容是一种精心选择的手段，这种手段能很好地帮助他实现有效的员工管理。

既然这么说，那么笑容管理会不会成为继流程重组、灌能、全面质量管理和团队建设之后又一轮即将走红管理界的流行风呢？当然不会！说到底，这只不过是个小技巧，教会你如何利用笑容这个神奇手段最大程度地激发下属们的工作热情。

也许你不是什么公司管理人员，那也没关系。在日常生活中，肯

定有一些人和你相比处于相对弱势的地位。比如，经济上不是很宽裕的朋友、比较胆小害羞的同事、正在生病或是已经上了年纪的邻居、需要依赖你的弟弟妹妹等。对他们你同样能施展本技巧。想想看，你的热情笑容会给他们的生活带来多大的动力啊！

小窍门 56

用笑声跟“属下”交流

如果你是个相对重要的人物，不管是在公司还是其他场合，使用笑声能很好地实现和下属的沟通。虽然它不能让对方为你做些什么，但却能在他们内心催生出这种念头，这不知要比一个直接的命令强大多少倍！学会在面对下属或地位较低者时用笑声来表达你的欣赏和认可，这样不但能满足对方的心理需要，还能树立他们的高度忠诚。

下面我们来看看相反的情形。比如说你不想跟某些人太近乎，如果可能的话最好有多远躲多远，可又不想失去对方对你的尊重和好感，你该怎么办？哈哈，貌似挺难吧？那就来看看下一节吧。

如何巧妙躲避“万人嫌”？

请各位回忆一下，在你的生活中这样的画面是否似曾相识：这是一个阳光明媚的周六早上，10点钟刚过，空气凉爽清新，温度不高不低，湿度也很宜人，天空湛蓝湛蓝的，一丝云彩也没有。微风不时掠过，吹到皮肤上感觉很惬意，树上的叶子发出沙沙的声音像是在低声吟唱。走在大街上，太阳暖烘烘的特别舒服，你正美滋滋地哼着U2乐队的歌“多么美好的一天……别让机会走远……”

轰隆！天空中仿佛突然响起了一声霹雳，把你从醉人的美景拉入恐怖的地狱——唉，为啥这么倒霉哩，偏偏这时候遇上号称“侃死人不偿命”的鬼见愁啊！此人堪比狗皮膏药，一旦让他贴上岂是一个惨字了得！多好的一天啊，你可真不想把时间浪费在这种人身上。可想躲已经来不及了，对方一眼就看到了你，看来只能从长计议了。

“嘿，是你啊！最近怎么样啊？”对方老远就挥手致意，一脸热情。是啊，好不容易逮着个“发泄”目标，能不热情吗？

“哦，还行吧，见到你很高兴。”你嘴上应付着，脚底下可没停，说话间已和对方擦身而过。

“对了，你假期过得怎么样？”声音从你身后继续传过来。

真该死！这都没躲过去！

这下你不得不转头跟对方接着再聊几句。大多数人碰到这种场合时，他们的动作表情往往和嘴里的客套之辞大相径庭：一面友好地打着招呼，一面暗自寻找机会开溜。这场景就像一个驯马人猛拉缰绳，马儿虽然被扯得倒退回来，但还是不停腾跃而起，喘着粗气随时准备飞奔而去。这时候，你要是匆匆说上两句转身就走，对方肯定会惊讶地愣在那里不知所措。

这种生硬的方式千万要不得！虽然你是转回身来，可这并不代表对方就感觉不到你急着离开。你要真这么想，简直无异于自欺欺人。

你可以试试下面的小招数，它不但能帮助你迅速脱身，还能让对方更佩服你！什么？你说不可能？那就往下看吧。

试试新方案

遇到这种令人生厌的人，你应该加快脚步朝前走，让他感觉你好像在赶时间去做什么事情（这么做是为了给后面做铺垫，一会儿你就明白了）。

当走到可以和对方进行对话的距离范围内，马上来个急刹车，假装很意外碰到他，然后热情地打招呼。

此时要注意：一定不要表现出赶时间的神情，一定不要往后退，一定不要抓耳挠腮，让小动作出卖你。

接着，你要带着惊喜的表情告诉对方："我一直都很想跟你好好聊聊。"说的时候一定要流露出"我现在正好有时间跟你聊"的感觉，然后跟他侃上个一分钟。这是证明你真心实意想跟对方聊天至少需要付出的时间。还有，聊的时候尽量营造出懒洋洋，既舒适又随意的氛围，彻底打消对方的顾虑。

再接下来，你要"不经意"地看一下手表，然后无限遗憾、无尽失望地告诉对方，你刚发现要去参加的某个会议、约会、葬礼（理由你就随便编吧）已经迟到了！

然后是最最重要的一步：不慌不忙地往前走上几步，然后突然改成小步快跑。让人感觉你必须要补回刚才闲聊所花掉的时间。

这下子，对方的心里就该琢磨了：

哇，这老兄真仗义啊！尽管这么赶时间，可就为了能跟我简单聊上几句，竟然不惜赴约迟到！

我给大家推荐的三部曲：急刹车——小聊几句——飞奔而去，同样可以在公司里使用。这样不但能成功摆脱公司里的“万人嫌”，还能让人感觉你是个珍惜时间爱岗敬业的大好青年！

小窍门57

慢慢离开对方，然后让他看到你奔跑离去

想要摆脱“万人嫌”又不让对方失面子，五步就能搞定！

1. 第一眼看到对方时就热情招手致意；
2. 停下来不慌不忙地闲聊一会儿，以大约一分钟为宜；
3. 看看手表，脸上露出失望神色；
4. 告别对方后慢慢走开几步；
5. 在对方的目光中飞奔而去。

这样你就能让对方感到特有面子，使他们的自尊心得到维护，而且也不会耽误你多少功夫。

如何读懂对方的心思?

在写作本书时，我曾对其中一节的内容不是很有把握，所以6个月前专门找好友安·托拉戈帮我读一读。安是个菩萨心肠的人，就算看了我的东西吐得稀里哗啦也不会让我难堪的。

把手稿交给她之后，我就偷偷地坐到房间一角的椅子上观察她。表面上我是在看报纸，实际上我在偷窥安的表情。果然，安的眉头紧皱证实了我的担忧。虽然她说了不少好听的，可我知道那一章肯定是糟透了。

又过了几个星期，我把这件事告诉了朋友的儿子乔纳森·拉姆。乔纳森在纽约萨福克担任驯马师，是个很厉害的“马语者”。他可以通过观察马儿的耳朵姿势、尾巴动作、呼吸频率、喘息声和很多连骑手都会忽略的微小细节来感知它们的情绪。

听完我的讲述，乔纳森微微一笑告诉我：“其实，读人要比读马容易得多！”

“少来啦，乔纳森！人的情绪可是会假装的，马儿又不会！”我很不以为然。

“没错，莉儿。可问题是，人们只有在发现有人注意自己时会伪装。当没人注意时他们肯定会卸掉伪装，展露真实自我。这时候你就能通过各种细节观察到他们的真实情绪了。”

嗬，真高！别看乔纳森年纪轻轻才 26 岁，这一番高见却告诉了我一个惊人的事实：别轻信对方的口中之言，只有解读他们身体上的各种细微信号才能明白其真实想法。对此我还专门调查了一下，发现科学界对这个问题也颇感兴趣，把人类每天做出的几千种转瞬即逝的表情当作课题进行研究。丹尼尔 · 麦克尼尔在其作品《人类表情自然发展史》（*The Face: A Natural History*）中是这样说的：“对于面部表情在人类沟通中所发挥的重要作用，我们在过去 20 年中所了解到的内容要比此前两万年的总和多得多。”

通过在面部表情和大脑活动之间建立起精密联系，研究者发现判读人类思想意识在某种程度上是有可能的。当你能做到这一点时，肯定也会成为更好的交流者。是啊，想想看，要是你能猜到对方在想什么，说话肯定更让人信服，也更能体贴对方的感受！

比如，你正在参加公司会议，这时头儿提出要改变项目的发展方向。你心里不同意怎么办？看看同事们的表情再决定！留意观察大家是微微皱眉还是嘴角上扬。如果是后者，你可要小心了，因为大家的表情已经说明了问题，即使你开了口也没人支持你。

和朋友一起看 DVD 的时候，你可以不时观察一下对方的表情，这样一眼就能看出他喜不喜欢播放的片子。

只要能充分利用这些无声的表情，你也能真实地感受到对方最微妙的情绪。想知道有多微妙？一个小例子就能告诉你。比如下次你再去海滩，看到有人躺在那里晒日光浴。虽然他们看似面无表情，但只要留意对方的嘴角，你就会看到有一丝微微的翘起。再比如，周一早上开车上班时，看看其他司机在大塞车时的表情，估计能看到嘴角上翘的概率比买彩票中大奖还要小。

当你有机会在相同场合体验到不同的面部表情时，对它们之间的差别就会了解得更深刻。比如在机场，看看那些等待亲人出现的面孔，然后再看看手里举着牌子等候客人的专车司机，他们的表情肯定不一样。

第一种表情可不是微笑哦！看仔细了，那可是一边嘴角往上翘，说明心里是焦急无奈的感觉。而第二种表情也不是皱眉头，专车司机的脸从来都是一个样——一脸漠然，毫无表情。

神奇的好处

先生们，有了读心术多好啊！下次当女朋友再说喜欢棒球，你就能看出她说的到底是真是假。要是她一脸茫然，那就别傻乎乎地请她去看比赛，否则连自己怎么被甩都不知道！要是对方发现你在盯着她看，记住别慌，她肯定认为这是一种恭维的举动。

女士们，有了这一招，下次再开车去娘家吃晚餐时就不怕抓不住对方的心思了。你只要留意老公脸上的表情，就知道他的真实感受啦！

小窍门 58

留意观察对方的细微表情

就像飞行员必须扫描地平线寻找其他飞机一样，你也要养成留意他人面部表情的习惯，特别是对方的嘴角。掌握了这门“读心术”，你的情绪预测能力就会大大增强，人际交往能力也会因此突飞猛进。我可一点儿都没夸张，不信你就试试！

最好玩的是小孩子，他们好像天生就知道读心术。当妈妈看成绩单时，他们都会下意识地躲开母亲的目光。这说明什么？心虚呗，嘿嘿！

对了，当你看完这一节时，这个小窍门其实已经给你带来了好处。是啊，这要多亏安读我的作品时流露出的痛苦表情，否则我也不会把那一节删掉。那么，恐怕大家会比安的反应还强烈，看完马上掩卷狂吐……

Part 7

避免笨嘴拙舌
办错事的12个小窍门

对于你认识的人，你知道的隐私越少越好。你应该在朋友告诉你太多事情之前换个话题。如果你无法阻止他，那就起身离开。

如何表达让你听起来地位更显著？

当职场中的资深人士考虑吸引新成员时，他们会竖起耳朵倾听对方表达的每一个细节，不放过任何微小的线索，以此来判断候选人是不是名副其实的高手。他们的听觉极其敏锐，甚至连一英里外蜗牛清清嗓子都听得一清二楚。要是让他们发现你的言谈中有任何漏洞，那你就百分之百死定了！

有一次我去参加一个有声读物出版协会的颁奖活动。作为一个名不见经传的作家，我算是其中最不起眼的小人物了。可不知是谁把座位排错了，我发现自己竟然和 7 家著名出版社老总同坐在一个宴席上。当时，这帮重量级人物正聚精会神听一个人自我介绍，看来这家伙打算在出版社谋求一个高级职务。

这位老兄先是把自己的学历背景和以往经验夸夸其谈一番，然后又重点介绍了自己当前担任的高级职务和所承担的重要工作。我悄悄打量了一下两边的老总们，看得出他们确实对这位老兄感觉不错。

这时，其中一位出版社负责人递给他一张名片，说：“这样吧，明天给我打个电话，我们再具体谈谈。”

“太好了！”这老兄喜上眉梢，马上回了一句，“明天午餐时我一定打电话给您。”

话音刚落，在座的老总们不由得都愣住了。大家面面相觑，脸上的表情分明在说：“唉，这家伙完了！”

瞧，就是因为“午餐时”这几个字，这老兄就暴露出他不过是个职场小猫咪。还想跻身豪门？看来这次是凶多吉少了。当他那句“明天午餐时我一定打电话给您”一出口，殊不知就已经给自己签了职场死刑书。所以说，要想成功跻身大人物的圈子，言谈举止可千万不能马虎，必须要让自己听起来跟对方处在同一个水平上。

为什么会这样?

像吃午餐这样的小事情，任何公司的高层领导从来都是自己决定。所以没人会告诉他该做什么不该做什么。至少，没人会规定他该在什么时间吃午餐，什么时间回到办公室。

可公司里的小职员们就不同了，几乎每个人中午都有一小时左右的午餐时间，而且基本上每天都保持固定。所以，您这么一开口可不就露馅儿了嘛！因此，最好别说“在午餐时间”，你可以换一种说法，比如“我去吃午饭时”就会好得多。

虽然看似我们讨论的东西有点啰嗦，但实际上它的作用非常重要。要是这老兄在餐桌上说的是：“我 12 点半左右打电话给您。”估计不久就能听到“欢迎加入”的热情答复了。

小窍门 59

千万别说"午餐时间"

一旦你这么说（包括"午休时"等类似的话），对方会感觉你的时间是由上级规定的。当然，虽然我们大多数人确实要按照别人的要求安排自己的时间，可也不用到处大声张扬吧？说话时动动脑筋，就能让别人感到你是独立自主的，而不是受人支配的。

不管你在公司的职位如何或是日程怎样安排，你都应该做到独立自主，自由地进行思考和表达。这时你就像是一艘舰艇的船长，记住！没人规定船长该什么时候吃午餐，就餐的时间该多长。

接下来，我们看看还有哪些方法能让你听起来像个大老板，至少是你自己生活中的大老板。

如何表达才能显出你的生活更主动?

还记得你的高中老师怎么说吗?“同学们,你们要记住,不要使用没有先行词的代词。”

等等,啥?没有什么来着?

“先行词可能是句子主语所指代的词或词组,也可能是……”这位老学究会敲敲黑板启发你,并用力咳嗽两声引起大家注意。

呵呵,别担心,我可不是在向你灌输枯燥无聊的语法知识。第 60 个小窍门和句子结构也没有任何关系。它所关注的是,在潜意识中你是如何看待自己的身份的。

我想,在全国各地的办公室里,你肯定会听到不少这样的抱怨:

他们禁止我们在午休时间上网。

他们不让我们周五穿牛仔裤上班。

他们并不关心我们是否付得起医疗费用。

好,我的问题是:大家话中的“他们”究竟是何方神圣?居然能做出所有的决策,控制这些人的生活。

当然,我们都必须服从老板和上级管理机构。但是,那也大可不必搞得人尽皆知吧！说话时动不动就用“他们”来表达不满，这种方式只会让大家感觉到，你就是个绝望的受害者、无助的可怜虫。

不要让人听起来像个奴隶

如果你要说到权力比你高的人，至少应该使用一些具体的措辞。比如：

> 管理部门禁止我们在午休时间上网。
>
> 人力资源部不允许我们在周五穿牛仔裤上班。
>
> 当前行政部门并不关心我们是否付得起医疗费用。

小窍门 60

别老“他们他们”的，你不是可怜虫！

无论是在职场还是私人生活中，我希望大家能做到：

每当谈起那些必须服从的头脑或领导部门时，一定要注意明确目标。我们可不是让“他们”随便呼来喝去的跟屁虫。老话讲“冤有头，债有主”，是谁的责任谁来担嘛，哪能模棱两可呢！您说是吧。

采取进一步措施

言归正传。私底下，你是不是也想让自己的职位更上一个台阶？也想努力拼搏，不甘人下，至少让自己听起来也有点“管理层”的范儿，和那些总爱抱怨的家伙划清界限呢？你可以试试这样来表达：

管理部门禁止员工在午休时间上网。

人力资源部不允许雇员周五穿牛仔裤上班。

政府有关部门并不关心员工家属是否付得起医疗费用。

当然，我们自己也是这些“员工”、“雇员”或“家属”的一部分。不过，使用第三人称来指代这样的群体，会让别人感觉我们是完全独立的，不受任何人的控制。

小窍门61

不要把自己归入弱势群体

不要把自己归入受别人支配的弱势群体。你应该巧妙地暗示自己不受任何人控制。就像本节一开头的老学究说的那样：“句首不要使用第三人称复数代词（就是“他们”）；而且，不要成为“他们”的宾语，无论是单数或复数都不行（因为宾语受主语的限制）。”

如何让自己的表现更受肯定?

记得有一次参加企业面试，让我深感难忘的是两位负责人面试候选人时相互交流的短暂眼神。当时我在这家新成立的保险公司担任顾问，该公司已聘请了一些优秀人才，但还需要一个能干的客户投诉处理人员。这两位负责人已安排了几十位候选人在会议室进行面试，他们特意邀请我一同参加面试，想听听我对候选人的看法。

中午时分，他们已经面试了 7 位候选人。接待员打来电话说：“有位凯文 · 梅森先生今天一大早就到了。我知道他的面试时间在下午一点，不过他在这儿已经等了好几个小时，您看午餐前是否能挤出时间对他进行面试呢？”

“嗯，好吧，”公司首席执行官科恩说，“请他进来吧。”

很快，一位年轻人走了进来。相互做完介绍之后，科恩补充了一句：“很抱歉让你等了这么久。”

“噢，没关系。”梅森回答道，“我是来得早了些，反正我也不知道怎么打发时间。”

轰！我的第一反应是：他肯定被毙掉了！这句话简直就是整个面试的失败点。交谈结束后，梅森刚一走出大门，科恩和副总裁恩格斯的眼睛几乎是同时向对方望去，无可奈何之情溢于言表。这时，科恩说了一句：“呵呵，正是我们想要的，能打发时间的人！”我一时还没听懂其中的意味，满脸茫然……

“是啊，这不是正好让我们打发了一会儿时间嘛，哈哈！”恩格斯大笑起来。

哦，敢情这是在拿他开涮啊！我这才明白过来。

一位职场资深人士或许会有足够的威望，甚至能直拨美国总统的专线；或许有足够的权力甚至能让最严厉的评论家保持沉默。那么，他有时间去度假吗？有。有时间和家人共享欢乐吗？当然也有。他甚至可能还有时间去参加聚会。但他绝对没有时间用来消磨和打发，即使有也决不能承认这一点。

小窍门 62

职场里没有“打发”时间

“打发时间”这个句子当然很单纯很无辜，可其中蕴含的意思是：“我的生活实在太无聊太空虚，真不知道该做些什么来消磨时间。我的生活中一切都索然无味，一切都毫无新意，一切都浑浑噩噩，任何事都无法给我和朋友带来快乐。天啊！我可真是失败透顶。”

经过几次令人失望的面试后，一个外表迷人，名叫卡特丽娜的黑发女子走进了会议室。一眼看去就知道她是个性活泼、精力充沛的人。两位面试官相视一笑，看来这第一印象似乎不错。接着他们站起身和对方握了握手，然后快速浏览了一下她的简历。

这位女士显然有备而来，对他们所有问题的回答都恰如其分。当

面试结束时，首席执行官和她握手告别并告诉她公司将很快做出答复。是啊，这样出色的人的确是令他们满意的理赔员，至少他们当时是这样想的。可就在此时——

只见这位美女微微一笑，来了句：“好的，谢谢。顺便问一下，科恩先生你是什么星座的？”

“我什么来着？”

“你的星座。”卡特丽娜说。

“嗯……这个我还真不太清楚。”科恩的话有些迟疑，“好吧，非常感谢你申请这个职位。”

就在她走出大门的一刹那，科恩先生已经把她的简历揉成一团。一个优美的抛物线之后，只见它已静静地躺到了废纸篓里。

下一个

难道卡特丽娜的问题对科恩来说就那么可怕吗？当然不是。科恩自己甚至很可能就是占星术、命理学或是塔罗牌方面的专家，说不定还是个兼职灵气治疗师。可即便如此，他也不愿冒险去聘用一位如此不靠谱的理赔员。也是，你想啊，要是客户的车被大树砸坏来索赔，你跟人家扯些什么风马牛不相及的星座，这不是砸公司的牌子吗？

当天稍晚些的时候，又有一份候选人的简历从科恩的办公桌飞向了废纸篓。这次的原因更简单，只因为对方在面试结束时说了句“上帝保佑”。

哇，这家公司该不是搞文字狱吧？！这句话难道又有什么问题吗？完全没有。其实，当你和信仰基督教的朋友在一起时，这句话再寻常不过了。这就像是穆斯林信徒之间互相说“赞美安拉”和犹太人之间互相说“舍拉姆”（平安）一样。可问题在于，并不是所有的人都信仰同一个宗教。万一一个犹太教堂让龙卷风给吹倒了，而新来的理赔员却用基督教的福音安慰人家拉比，那罪过可就大啦！

除非你深入了解过对方的信仰和爱好，否则为了安全起见，还是使用普遍的问候方式吧，比如“你好”、“再见”等。

谁是最后的胜利者？

他们要面试的下一个候选人，正是各位在本书第六章遇到的桑德拉，她就是成功应聘的人。那么公司为什么会雇用她呢？我们来看看下面几个主要原因。

桑德拉走进会议室说的第一句话是：“科恩先生和恩格斯女士，如果我是你们的话，肯定希望这是最后一场面试。经过一天的煎熬，恐怕你们早就累坏了。”瞧，这句话一语中的，她准确地预测出两位面试官经过漫长而失望的一天所产生的感受。这番话显示出她出色的情绪预测能力——很明显，这正是一个金牌理赔员不可缺少的素质。

她的话让两位负责人露出会心的笑容，不由脱口而出：“你说得太对了！”在随后整个面试过程中，桑德拉对所有问题的回答都非常善解人意，而且语气充满尊重。面试快结束时，桑德拉又很随意地说道：“你们为面试我留在公司这么久，真是太感谢了，一会儿恐怕你们还有更多的任务要做吧，辛苦了！”

她再一次显示了准确的情绪预测能力。

另一个聪明之举

直到此时，我已经在旁边整整作壁上观了一整天。当桑德拉准备离开时，令人意外的是，她也不忘朝我点点头并表示感谢。呵呵，这个桑德拉实在是太聪明了！她没有对我做自我介绍或是跟我握手，这是因为科恩和恩格斯在面试中并没有提起我是谁。如果她和我打招呼，肯定不太合适。不过，她的微笑和点到为止的致谢确实让我感觉很不错。不用说，她的这一举动给我留下了深刻的印象，我肯定会选她。

你说，这样的人怎么能不得到这份工作？

如何表现让对方感觉自己更友好?

大学刚毕业后，我在一家小公司任职，担任公共关系部主任黛拉的助理。我们很快就成了好朋友。在她的生日那天，我们去了她最喜欢的餐厅为她庆祝生日。

在相隔几个桌子的不远处，我们看到了公司的咨询顾问托尼。他往我们部门跑得很勤，每周都会来好几次，一来就会跟黛拉聊上半天。当时，他正在和一位美女共进午餐。这位美女不但金发碧眼，而且身材火辣。不过可以肯定的是，这位不是他的妻子。当托尼温柔地触摸对方的手时，我赶紧把椅子扭开转过身去，可黛拉却没有这样做。

黛拉似乎发现了新大陆一样，兴奋地对我说：“你看，那不是托尼吗？走，咱们去和他打个招呼！”我这边紧拉慢拽还是没来得及阻止她。黛拉径直朝托尼的餐桌走了过去。唉，这个傻姑娘，怎么这么不识趣呢？也不看看这是你上前攀交情的时候吗？显然，碰上这种难得一遇的八卦，她早把什么情绪预测给忘得一干二净了，压根儿就没觉察到托尼脸上的恐惧表情。事已如此，我只好匆匆去了洗手间，避开这令人尴尬的场面。

当我回到餐厅时，看到黛拉几乎是呆呆地回到餐桌旁，脸上露出一副惊愕的表情对我说：“我真不明白为什么，托尼刚才对我怎么那么凶！也许是因为他倒了一天霉才这样吧！”

呵呵，你可真说对了，他这会儿碰到你可不是倒霉么！

自打那件事发生之后，托尼已经整整一个月没来过我们所在的部门了，对此黛拉还一直傻乎乎地不明白到底为什么。唉，这种事，我可没有勇气告诉她真相。后来有一天，公司总裁和托尼把我叫到了办公室，告诉我管理部门需要找人为董事会做一些公关工作。当然，这份工作是另计报酬的。当他们说想让我承担这份工作时，我简直惊讶得目瞪口呆。

我正要建议说黛拉比我更有资格担任这个职务，可就在一刹那间，我突然明白其中的原因了。托尼可不希望那个看到他秘密约会的人在管理层来回穿梭，对他来说我才是最“安全”的，因为他不知道我也看见了他的秘密约会。

如果要做总结的话，我之所以获得这次晋升的原因并不是因为我有更广博的知识，而是因为托尼以为我不知道他的风流韵事！

我们常常听人说“这事是我亲眼所见”。可情绪预测会告诉你：“要想别犯错，最好先站在对方的角度看待这件事情。如果事情对当事人无所谓，那你再去炫耀吧。”

小窍门 63

别人的隐私，知道得越少越好

这里说的了解别人不是指你认识谁或是你知道些什么，而是对于你认识的人，你知道的隐私有多少。还有就是，他们认为你知道的隐私有多少——当然，他们肯定希望你一点都不知道。除非这些隐私属于潜在的危险状况或是法律问题，否则我们还是学学猴子吧，它们可机灵得很——虽然天天看到对方的红屁股，可从来都不闻不问。这就是功夫啊！

不要探听朋友的隐私

你所知道的朋友的隐私——包括你是如何得知的，这些可不只影响到你的晋升或是职场上的人际关系。知道的太多，你甚至可能因此而失去这些朋友，哪怕这些事情是他们亲口告诉你的！

蒂凡尼是我们每月一次单身女子之夜活动的创始人之一，我们都把这个活动戏称为“辣妹聊天会”。蒂凡尼为人风趣，成功组织了许多聚会活动，因此大家都非常喜欢她。

一个星期五晚上，蒂凡尼在餐厅聚会上喝得太多了。她开始咯咯傻笑，口齿不清地说：“我真是无愧于这个俱乐部的名字！”接着，她开始向我们吹嘘和当地一个名人的风流韵事。她醉醺醺地压低声音说：“他可是个已婚名人。”只不过那声音大得足以让所有人都听得一清二楚。

然后，她开始详细讲述自己和情人偷偷摸摸的城外之旅。正当她要向听得目瞪口呆的姐妹们泄露那人的身份时，聊天会的新成员加布里埃拉插了进来，试图改变她的话题。不过她的努力已经无济于事，蒂凡尼喝得太醉了，现在谁也无法让她停下来了。

加布里埃拉只好起身去了洗手间，回来后听见蒂凡尼仍在喋喋不休地讲述自己的风流事，只好向大家表示歉意要早点离开。然后，她给我们每个人一个拥抱，包括蒂凡尼在内，转身便离开了。

这个举动让在座的所有人不禁对加布里埃拉深深敬佩，为了不让蒂凡尼出丑，她宁愿独自离开也不想听那些低级的风流韵事。

此后，蒂凡尼就再也没有参加过我们后来的聚会。虽然每个人都很想念她，但遗憾的是那次聚会竟成了和她最后一次相遇。当然我们都知道她不来的原因，和我们在一起只会让她感到无比尴尬，因为这会让她想到自己的酒后失言。这件事恐怕至今仍让蒂凡尼后悔不已。

如果我们能像加布里埃拉一样聪明，那么大家现在仍然会高高兴兴地在一起。坚持做到小窍门 64 中的建议，需要具有很强的自律意识。不过，如果你不想失去你的朋友、你的生意伙伴，甚至是你的工作，这点付出确实是非常值得的。

小窍门 64

为了留住朋友，请让他们住口

有一点和大多数人的看法恰恰相反，那就是完全坦率的自我表白并不会强化友谊，有时反而会摧毁朋友情谊。也许某天晚上几杯啤酒下肚之后，你的哥们儿开始告诉你一些在他清醒时不会告诉你的秘密。这时，你当然应该善解人意，宽慰一番。但是，千万记住不要让他一发不可收拾。你应该在他告诉你太多事情之前换个话题，如果你无法阻止他，那就起身离开。

可如果这么做，第二天早上醒来他还会把你当朋友吗？告诉你吧，没错！他不但把你当朋友，而且会比过去还要铁！

上述两个小窍门中的建议很重要，几乎可以决定你在职场上的生死存亡。下一个窍门则能够维护你的良好信誉。

如何让自己听起来更诚实？

无论从事什么领域的工作，你所在的行业都会召开一些会议。当然，与会者参加会议的目的是为了学到一些东西。比如，当外科医生、牙医或是按摩医师参加医疗行业会议时，他们希望能从其他的同业者那里获得知识和经验，因此这种会议的核心部分就是报告会的内容。

可对于励志演说家（这些演说家都喜欢自命不凡地称自己为“职业演说家”）来说，情况却并非如此。除了大嗓门、吐沫星子乱飞和高度膨胀的自负之外，这些演说家们唯一能做的事就是对彼此品头论足。他们所注重的不是内容，而是风格、讲故事的方式和独特个性。站在全国演说家协会的礼堂内，面对众多口若悬河般的竞争对手，任何一个演讲者都逃不过他们无情的折磨。

几年前，该协会邀请了一位知名演说家兼系列畅销书作家做主题演讲。消息一出满城轰动。会场大门一开，只见几百名演讲者蜂拥而至，挤得真是水泄不通，大家都迫不及待地想要一睹大师的演讲风采。

这位演说家果然不负众望，令所有的观众都为之倾倒。他的力量和热情无与伦比，他的肢体语言激动人心，无论从哪方面讲他都是一位名副其实的顶尖职业演说家。当演讲开始大约 15 分钟后，这位大师宣布："我要给大家讲述一个真实的故事。"于是，所有人都安静下来洗耳恭听。

这位大演说家摆出了一个很夸张的姿势，然后开始讲述：

在一个月暗风高的深夜，一艘火力强大的战舰正驶过一片波涛汹涌的海面。这时，船长透过浓雾向远处望去，发现前方出现了一束灯光。

讲到这儿，一些听众的脸上开始露出了困惑的神色，因为这个故事听起来好像很耳熟，似乎并不陌生。

船长马上发出紧急信号警告对面的船只："紧急状况！请立即北转 10 度改变航道，否则会与本舰发生碰撞！"

听到这儿，大家不由得互相窃窃私语起来："这不是我们都听过的老掉牙的故事吗？"不过，这也许是大师的一个玩笑呢，没准接下来就会告诉我们故事里的双关之意了。没想到，他接下来的话很快就使我们的希望变成了泡影。

远处的信号灯打回信号说："紧急状况！请立即调整航线！否则马上发生碰撞！"

这一举动让战舰舰长发怒了，他向对方发出信号说："不，你方必须立即北转 10 度改变航道！"并且气势汹汹地警告对方自己的舰艇规模多么大，武器装备多么精良，航行任务多么重要。然后向对方发出命令："改变航道，否则马上把你击沉！"

这时，一些失望的观众已经开始零零星星地走出会场。现在大家已经很清楚了，看来大演说家讲述的不过是大伙儿常用的老套故事。可离谱的是，他竟然还试图说服众人这是个真实故事。

尽管听众席开始出现骚动，这位大师仍自顾自地继续他的故事，像以往一样慷慨激昂：

狂怒的舰长不断重复自己的信号，并补充说：“我的舰艇是最大的。我是舰长。”这时，从浓雾中传来了一个答复信号：“我是灯塔。”

通常，在讲述寓言时，这种生动的比喻往往会博得热烈的掌声，即使是最难取悦的听众也会被逗乐。可这一次，观众席上只传来了几声零星的鼓掌。

回头看一下，如果这位大演说家在开场白中事先说明这是一个有着深刻寓意的虚构故事，大家也许会饶有兴致地再听一遍。毕竟，他的激情、热忱和振奋人心的肢体语言还是很吸引人的。但是，人们之所以会失望地离开，不再崇拜眼前的偶像，完全是因为他很简单的一句话：“这是一个真实的故事。”

让大师败走麦城的两句话

在当天的晚宴上，一些演说家正在探讨“声明某事真实”会在演讲中产生什么影响。其中一位颇受尊重的同行这样说道：“我从来不说这样的话，哪怕它确实真实也不说。”

“为什么？”我们几乎异口同声地问。

“因为这样说会让人感觉‘如果说现在讲的事是真实的，那就是

说前面讲的事情都不是真的！’”

嗯，确实有道理。接着我们又探讨了其他类似的表达方式，譬如“实话告诉你吧……”这句话会让听众潜意识里产生什么感觉？你这么说无疑是在宣布自己此前不诚实，说的全是谎话；而且，“此刻”你才刚刚决定要对他们说实话，还就这一句实话！

类似“实话告诉你吧”或“坦率地说”这样的表达，其实都暗示了这种令人不快的含义，因此我把它们称之为“撒谎开场白”。

小窍门 65

撒谎开场白千万要不得

然而，可悲的现实情况表明，即使最真实、最值得信赖、最正直守法的公民说出“实话告诉你吧”或是“坦率地说”这样的话时，人们也会下意识地怀疑他在其他的场合说谎了。不然的话，如果他说的所有事情都是真的，为何要特意强调一下这句话的真实性呢？所以，我建议大家干脆不要冒险。要想让你的话听起来更真实，最好的方法就是别再使用这种开场白。

哈，对于青春期的小朋友，下面一个窍门是专门为你们准备的！

如何让自己听起来更成熟？①

各位读者，当我牢骚满腹需要一吐为快时，希望你能体谅我。这次之后，我不会，嗯……在本书中，嗯……再次提起相同的事。嗯……你们能明白我的意思吗？

呵呵，估计您看到这段话时不晕倒也快抽筋儿了。没错！我要说的就是生活中无处不在的、被人彻底滥用的、令人极度痛苦的陈腐语气词“嗯”。在我听来，这个词感觉就像指甲划过黑板或是把猫扔进搅拌机中一样尖锐刺耳，让人浑身不舒服。可现如今，这种用法在年轻人中大行其道，似乎成了时髦至极的用法。

就在几天前，我在商场排队等候购买 DVD，站在我身后的两个女孩开始像麻雀一样叽叽喳喳起来。她们的对话中差不多隔两个词都有一个“嗯”，实在是快把我给折磨疯了。无可奈何中，我决定数数她们一共讲了多少个“嗯”。看看手表，当时是 5 时 25 分。

这时，我听到一个女孩说：“我，嗯……难受死了。因为，嗯……我真的看到他跟西拉在一起。”

---

① 本节出现的“嗯”字，原文为 like，在英语中常用于表达迟疑、不确定的语气。中文中没有完全对应的译法，故稍加处理。——译者注

“真的吗？你在哪儿看到的？”

“就在这儿。我当时，嗯……就在那边的美容店修指甲。”

“不会吧，蒂娜，嗯……这也太离谱了吧！”

“就是嘛，这事真是太奇怪了。我怎么也想不到，嗯……他会跟那个女的在一起！”

后面的对话中这个“嗯”字更是漫天飞舞，一次又一次地冲击着我的耳膜。这种挑战实在太恐怖，我再也坚持不下去了，看了看手表，现在才 5 点 25 分 20 秒。

我大概算了一下，在一分钟内，这个“嗯”字在她们的对话中一共出现了 25 次。呵呵，我估计要是哪天有位法官判我听她们对话一小时（这可绝对是酷刑中的酷刑），我至少要听到 1500 多次“嗯”！

她们究竟想说什么？

买完东西，在开车回家的路上，我开始琢磨起刚才发生的事。说到这个“嗯”字所起的作用，谁都知道几个类似的表达，像“这个”、“那个”和“那啥”之类。这种表达其实完全是种口头禅，可给人的感觉是说话人对自己想说的内容似乎并不十分确定。

回味刚才的对话，我们可能会有这样的疑问：蒂娜是真的伤心，还是仅仅有点儿难过而已？她确实看到男友和西拉在一起，还是好像看到他们在一起？她当时真的在旁边的美容店做指甲，还是在做些什么其他类似的事情？西拉真的是她最讨厌的人，还是在说像西拉这类的女孩儿？换句话说，这种说话方式只能让别人感觉如坠云里雾里，完全不知道她说的哪句话才是真的。

我们不妨来追忆一下美国 20 世纪英勇无畏的领导人是怎么来表达的吧。他们满怀赤子之情，坚持崇高理想，面对一次次严峻考验毫不退缩……正是这些优异的品质才使他们成功带领人民不断实现新的突破。可如果他们都像蒂娜一样讲话，那会是什么效果呢？

比方说，如果肯尼迪总统在1961年1月20日的就职典礼上这么演讲：

> 所以，我的美国同胞们：不要问你的国家能够，嗯……为你们做什么；而要问你们可以，嗯……为国家做些什么。问心无愧，嗯……是我们唯一可靠的奖赏；历史，嗯……是我们行动的最终裁判。让我们努力前进，嗯……引导我们珍爱的国家。

这下你还能听出意气风发、激动人心的感觉吗？嘿嘿，恐怕能听懂就不错了！

小窍门66

有话好好说，千万别“嗯嗯”

要想让自己的语言更成熟、更自信、更笃定，可别“嗯”来“嗯”去地露怯了。你自己不觉得累没关系，别人听着还痛苦呢。你要向对方说的是事实，用不着玩什么闪烁其词。

顺便说一句，“嗯”这个字的俚语用法起源于20世纪30年代，几乎跟Hepcat和23 Skidoo等乐队一样老掉牙了。如果蒂娜知道这一点的话，恐怕就不会觉得那么酷了吧！所以啊，其实这个词最俗不可耐了，以后可别这么丢人现眼啦。

如何让大人物感觉你很出色?

你完全有理由不同意接下来要阐述的观点，但事实表明许多优秀人士都认为它是相当正确的。其实，就连我自己都十分犹豫，还没决定是否该支持这一观点。但是，对于这一激进得有些偏激的观点，如果不向读者进行认真说明的话，那我就太不负责任了。呵呵，吊了半天胃口，读者可能要问我到底想要说什么。

准备好了？好，这个观点就是：有些人一听到“希望你今天过得开心”这句话就浑身难受。他们对我说：“这句话听起来简直就像是一只小猫在惺惺作态。”

要是有人这样表达问候，出于礼貌一些身份较高的人往往会很随意地附和一句：“你也开心。”然后转头就把这句令人恼火的话给忘掉。当然，一同被他们抛到脑后的还有那些这样说话的人。

这种冷淡态度，对于那些职场小人物来说，似乎也不难理解，好像那些高高在上的精英们平素就应该是这样的。“哼，他们骨子里还不是一样浅薄势利！”失望之余他们也许会发扬一把阿Q精神聊作自我安慰。

其实，许多好心人是打心眼儿里希望你能度过愉快的一天。人们常常把这种真诚的问候传达给自己的朋友、家人、客户、合作者，甚至是过路人。

那么，为什么成功人士对“希望你今天过得开心”这句话有如此消极的反应呢？看来这还真是个深刻的社会学问题。经过一番思考，我猜想其实在最初听到这样的问候时，他们的心里还是感到挺温暖的。

可后来的情况似乎就有点不一样了，他们之所以会对这句话反感，是因为它实在是太泛滥了。无论走到哪里，你几乎都能从客户、收银员、出租车司机或是杂货店伙计那里反复听到这句懒洋洋的言不由衷的祝福。而且，他们在送出这句祝福时总是面无表情，没有微笑和眼神交流，也没有节奏和感情。实际上，有时对方的态度甚至粗暴得让人感觉听起来更像是在说反话。

记得在写作本书时，有天早上 5 点我突然特别想喝可乐。为保持健康，我一直在努力戒除饮用碳酸饮料的习惯，因此冰箱里一瓶可乐都没有。就这样，我一边暗骂自己没出息，一边在脑中闪过可乐把硬币泡得锈迹斑斑的恐怖情景。如此这般地思想斗争了好久，最终我还是按捺不住诱惑，朝楼下的 24 小时便利店飞奔而去。

付完账，我一边往外走一边拧着大号可乐的瓶盖。要在平时，出门前总会听到店员送上一句老掉牙的祝福，可这次我却什么都没听到，除了沉默还是沉默。这让我一下子挺不习惯，于是我想给店员开个小玩笑。我转过身对他说：“哎！难道你不祝福我‘今天过得开心’吗”？

嘿，你猜怎么着？人家连眼皮都不带抬一下，盯着收银机来了一句：“收据上不是已经写了吗？”

我当时那个窘啊！还好店里没啥人，我赶紧抱着可乐溜之大吉。

积习难改

每次当我们说同样的话，这种重复就会在我们的大脑中强化一次。我曾碰到过一位洛杉矶律师事务所的前台，该事务所给许多名人提供过法律咨询服务，比如说汤姆·汉克斯、哈里森·福特和艾迪·墨菲等。这位前台告诉我，如果她家的电话在凌晨 3 点响起，她接电话时的第一反应不是“你好”，而是一句条件反射的“杰夫伦、布里顿、布兰卡、费谢尔、吉尔伯特、史蒂凡、库克、乔纳森、兰德和沃尔夫先生，您需要转电话吗？”呵呵，看来这几位老兄平日的电话业务确实够繁忙的，要不怎么能让睡意朦胧的前台大气不喘地一连串蹦出二十几个字来？由此可见习惯的力量有多么可怕，因此常人自然很难改掉说“祝你今天过得开心”这样的表达。

解决之道

办法其实很简单，那就是：练习！练习！再练习！把那句“祝你今天开心”换成其他表达方式。比如，你可以说：

好好享受今天！

祝你顺利一整天！

希望你有一个美好的一天！

希望你今天心情特别好！

瞧，避开那句老套的问候，听起来肯定感觉不一样吧！这份用心会让对方感到意外的惊喜，这是因为你把他当作有感觉能力的人，而不是冷冰冰毫无反应的机器。至于这份用心的回报，肯定不会再是一句漠然的附和，而会变成热情的微笑。

小窍门 67

“祝你今天开心”很可能让对方不开心

我真诚地希望，当你读完本节之后能把“祝你今天开心”这句话和“吃了吗？”、“上哪儿去？”这类毫无意义的问候语给彻底忘掉。要是你实在做不到，那就努力尝试换种说法，不要搞得千篇一律。换种方式问候对方，这种感觉可是很特别哦！

如果别人这么说，我该怎么办？

如果对方向你甩出一句老掉牙的“祝你今天开心”时，你可要忍耐再忍耐，千万别反唇相讥道：

是吗？真不巧我今天倒霉透顶了。

少跟我啰嗦，不用你教我怎么生活。

敌情我本打算百无聊赖过一天的，现在听到你的话应该改成积极努力过一天了！

其实，你只需要保持微笑，向对方说句“你也开心”就行。就是，咱是啥级别，怎么能跟他们这些俗人俗语一般见识！随便对付一下不就得了。

接下来还有一些常见的不尽人意的表达方式，让我们来一起体会一下吧。

如何避免常见的有问题的表达方式?

大家一定还记得前文说过，我曾在一次律师会议上不小心“露底”，那种巨大的尴尬实在是恐怖，不过比起下面的经历我倒觉得还真是小巫见大巫了。

这次也是参加一个研讨会，由于主办方同时安排了几个不同主题的演讲，于是跟往常一样，组织者把海报贴到了每个会议室门口，海报上有会议主题和演讲人照片等信息。

在等待会议开始时，有位热情的年轻女士早早赶到了会场。她刚一坐下来就来了一句：“朗帝女士，您的海报照片可真漂亮啊！”嗯？这话算怎么说的呢？我只好勉强挤出笑容答了一句“谢谢”，但心里总觉得不是滋味，好像对方是在故意讽刺我一样。当然我知道她确实是想表达恭维，只不过这种话还是不说为妙，因为它的潜台词是“照片看起来比真人漂亮多了！”

好吧，好吧，也许我这样想是有点儿神经过敏。没准这真是人家发自内心的看法。

就在我没好气的时候，偏偏又来了一位，跟着向我奉承道：“没错，这张照片照得真棒，您这是哪一年拍的啊？”这句话差点儿没把我给气得吐血！感觉胸口像是被大锤“砰”地砸了一下。

老兄，不会夸人您闭嘴行不？别乱说话嘛，知不知道这样会弄出人命啊！

收起仅剩的一点儿自尊，我好不容才撑到研讨会结束。等走下讲台时，我简直都踉跄而行了。“唉，瞧这人丢的，不行，出门我就得把那张照片给撕了换张新的。”我心里恨恨地对自己说。

呵呵，看见了吧，你无意的一句话弄不好就把一位大师给气趴下！所以啊，平时说话可得留神。要是你够机灵，那句残忍的“这张照片可真漂亮”已经脱口而出而对方脸上正阴晴不定时，必须马上补一句“可还是你本人更好看”，这样才能成功救场。要是你实在不会撒谎，那还可以这样说：“照得可真好，跟你本人简直一摸一样。”

每当你想称赞对方的外表时，我建议大家首先动用一下你的情绪预测能力，换句话说就是站在对方的角度考虑一下这句话的份量。有些人会觉得自己太老、太年轻、太胖、太瘦、太矮、太高……这种内心潜在的自卑人人都有。这时候您要是愣头愣脑地恭维对方“你看起来可真年轻、真高、真苗条……”，这话可就太煞风景啦！

就在前两天，我在家听到有人敲门。

“谁啊？”我问。

“快递公司。”一个响亮的声音传来。

我心里有几分犹豫，不知是否该让他进来，于是就透过门上的猫眼先打量一下。这是个模样挺可爱的年轻人，手里拿着一个包裹。打开门，我随口就“夸”了人家这么一句：“嗯，你看上去也不太可怕嘛！”

话音刚落，只见对方那亲切热情的面容马上拉得老长，愤愤然顶了一句：“是啊，我不过是个毛头小子罢了，您多虑了！”哇，这下我才突然明白自己的话伤害到了对方，心里顿时觉得很过意不去。看来，这“多疑症”确实是害人不浅啊！所以我们必须随时保持高度的情绪预测力，别让自己的冒失话伤害到别人的自尊。毕竟，碰上这么不会说话的主儿，换了谁不都得跟你较真儿啊。

顺便提一下，千万别说什么“你别当真啊”之类的废话，谁都知道对方肯定会把你的话当真的！

下面我们来看看其他一些常见的冒失话：

1. 真不好意思，我当时刚好没时间，我在打电话、写信……

听到这样的话，对方的第一反应就是：“得了吧，你骗谁啊？这个礼拜你有时间吃饭、睡觉、上厕所、应酬客户、打上十几通电话，却偏偏把我忘在脑后？”

2. 祝你飞行顺利，一路平安！

有时候就连这句最平常的话都能把人吓坏。当然，对即将登机的朋友这么说确实是一种体贴关心的表现。只不过，有些人曾告诉我，这句话往往会引起他们下意识的恐惧：“嘿，这话说的！我怎么听着像是这次飞机要出事呢？你是不是诅咒来个飞机坠毁才高兴啊！再说了，你这不是废话吗？真要是出点儿什么事，我能怎么办？您还是去祝福飞行员得了！”

3. 小心驾驶！

这么一说，对方可能会皱起眉头想：“您可真热心啊，感谢提醒。假如你不说的话，难道我打算危险驾驶吗？真逗！”

4. 一路平安，走好！

要是你在犯罪率全球最高的纽约对人家这么说，弄不好会让人家马上联想到地铁站袭击、公园强奸和暴力抢劫等恶性案件！

5. 没问题！

这话会让对方暗想：“嗯？怎么着，你的意思是平常没干别的，净捅篓子了是吧？难道这么一说就真没问题了？”

6. 别出门了

这话会让对方觉得："我有那么笨拙懒散吗？就这么看不上我啊！"

7. 你看上去气色真不错！

这话难免会让对方想："照你的意思，我气色一直很不好吗？"

小窍门 68

尽量别讲冒失话

在向他人表达祝愿之前，最好先考虑一下对方会不会偏执地理解你。因为人都会钻牛角尖。想要夸别人时千万别急，先想想人家会不会听了不舒服。一定要注意，可别好心办了坏事，有时候看似好听的话也会引起对方的坏情绪或自卑心理。

既然人人都会在潜意识里本能地激发负面心理，那我们为啥非要说些让人难受的话呢？

如何在旅行时维持亲密友谊?

我觉得下面的小窍门多少有些让人生厌，可我非常尊重的一位人际高手希望我能把它列入此书。我一直都没有听从她的建议，直到几天前发生的一件事才打消了我的疑虑，让我决定改变想法。事情的经过是这样的：

在写作此书时，为保证进度我必须夜以继日地工作。当时正是冬天，阁楼里的暖气不是很足，为了不让发抖的手冻出毛病，我决定休息一下暖暖身子，去楼下的邮箱看看。

在邮箱里我发现了两张朋友寄来的明信片，这两个家伙已经好几个月都杳无音信了，现在突然又冒了出来。其中一张明信片是从“度假天堂夏威夷”寄来的，另一张则来自法国的滨海旅游胜地里维埃拉。哇，一派热带阳光风情，真是把身处零下 7 度冰天雪地的我给羡慕死了。

一张明信片上写的是“好想你”（切，想我才怪！），另一张写的是“真希望你跟我在一起”（是吗？我可真是受宠若惊啊！）。在我看来，无论明信片怎么说，这两位损友似乎都在满脸讥笑地对我说：“看看，我在艳阳海景下有多惬意！只有你可怜巴巴地窝在家里面对漫天风雪。嫉妒吧？羡慕吧？”

我把这两封冷嘲热讽的卡片攥在厚厚的手套里，心里愤愤地想：

哼，两个死家伙，你们要是真想我就该打个电话来，哪怕就道一声好也行啊！不行的话，给我发封电子邮件也行。干吗偏偏寄来一张10美分的明信片惹我嫉妒？切！不用半秒我就能在网上查到几千张比这更漂亮的图片，有啥大不了的？再说了，既然已经好几个月没见了，干吗非在这时候向我炫耀啊？

我承认自己这样想有点儿孩子气和不公道。不过，当我问起其他朋友对这种行为的看法时，大家的感受竟然都和我相同。毕竟，你要是每个星期都给老朋友发明信片还说得过去。可要是双方都一个多月没联系了，干吗还这么冒失，非要让你的朋友感觉你在炫耀呢？这还算好的，要是你让收信人感觉到“看看我在哪儿！就是要羡慕死你！”那可就更糟啦。

小窍门 69

别给好友寄明信片

要是你在度假时突发奇想，准备给平日很少见面的朋友寄张明信片，我劝你还是赶紧打消这个念头比较好。如果你确实想念他们而不是为了炫耀，至少也要同时给对方发一封电子邮件。如果对方是很好的朋友，建议你最好还是直接从度假地打电话，告诉他“今天早上我很想念你。要是我们能一起来该多好啊！”这样就能打消对方的疑虑啦。

接下来，我们来看看，如果你收到节日贺信，面对一大堆啰哩啰嗦无足轻重的垃圾内容该怎么办？

如何老练处理节日贺信?

这个小窍门或许会让大家觉得我的做法太“傲慢”。可实际上，我发现很多人在这方面的想法竟然非常相似，这让我颇感惊讶。因此，我希望各位能认真读完本节，然后自己决定该怎么做。

调查表明，大多数大人物对每年铺天盖地的节日贺信都颇有微词。当他们打开信阅读时，多半会满不在乎地想：**这人可真逗！大概觉得全天下人都迫不及待地想知道他们家过去一年的那些破事。**

更有甚者，还有些家伙甚至会为没及时发信表示歉意。呵呵，他们还挺可爱，真把自己当成什么大人物了；以为别人都急着想了解自己家的大事小情，恨不得一天检查 8 次邮箱，唯恐没有及时收到自己洋洋洒洒的流水账。

一年一度的“来自我们全家人对您的祝福”

下面是一封很常见的圣诞节贺信，随信附上收信人阅读时可能产生的反应。

亲爱的各位，对我们全家来说今年是非常特殊的一年。

首先，我们的一家之主——你们的父亲，决定利用他对所在行业的广博知识，去当一名顾问。

可不是嘛！他刚失去工作，又没人愿意雇用他，不做顾问做什么？

我们的儿子约翰决定到附近的社区大学上学，这样可以离我们更近些。

有什么办法呢？谁叫他申请的每一个大学都不录取他。

另外一个好消息是，我们家就要添一个小孙子了！我们大女儿的孩子3月份就要出生了。

是啊，真是“好消息”！怎么不提她那负心老公半年前把她抛弃的事？更糟的是，她还没弄清到底谁是孩子的老爸，和邮递员的生父确认官司已经闹得全城沸沸扬扬了。

最后，我们真诚祝愿你和你的家人也度过了快乐美好的一年。

小窍门70

寄贺信时要三思

我可不想让大家觉得我是个吝啬鬼。不过，作为一个心系大众的新闻工作者（作家大概也算新闻工作者吧），我觉得有必要告诉大家一个事实：其实，很多人对圣诞节贺信根本不感兴趣，读都不读就扔到废纸篓里了。当然，在扔掉之前他们会扫一眼寄信人姓名，看看是哪个不入流的傻瓜蛋还这么不开窍！

Part 8

让电子邮件既专业
又有个性的 11 招

如果你打算给某个人发电邮，最好先仔细查查对方以前发给你的邮件。找出那些容易遗忘的生活点滴，然后重新跟对方提起。这样他们会认为自己在你的心目中非常重要！

如何让自动回复更有人情味?

我常常在想，人们干吗非要在自动回复邮件中说些莫名其妙的话，搞得自己好像是机器人一样。下面是我刚收到的一封自动回复邮件（其中的人名做了更改），大家可以读读看：

> 这是一封自动生成的电子回复，表明我已收到您的邮件。我目前不在办公室，直到4月1日才能回来，在此之前你可能无法联系我。此自动回复是通知您，我已收到您的邮件。兹待本人回到办公室，一定会在适当的时间给您回信。
>
> 在此期间如果您需要及时援助，请致电分机号码702联系我的助理吉娜·吉诺德，她也许可以为您提供帮助。
>
> 如果您发送的是垃圾邮件，请把我从邮件地址列表中删除。
>
> 罗贝塔·罗伯特

得了吧，罗贝塔！正常人哪有这么说话的？能不能砍掉那些废话，说点儿实在的呢？

让我们来分析一下

这是封自动生成的电子回复，表明我已收到您的邮件。

唉！这开头就是个败笔。你想啊，谁愿意花时间去读一封冷冰冰的电脑答复？干吗非要强调是“自动生成”呢？

我目前不在办公室……

这不是废话吗？谁都知道是“目前”，否则怎么会自动回复啊！

您无法联系我。

这个也太绝对了吧！你又不是关在太平洋荒岛上的战俘，怎么可能没有其他联系方式？万一对方有急事怎么办？还不把人家给急疯了！

此自动回复是通知您……

这一句怎么听都像法院传票的开场白！

兹待本人回到办公室……

这算哪门子表达啊？反正我从来没听任何人平时这么说话的。换成“等我回来后”或是“等我回到办公室”不是好很多吗？

……会在适当的时间给您回信。

啥叫“适当的时间”？下周？明年？还是10年之后？你的意思是不是说，必须先对其他更重要的信件做回复，然后

才轮到“适当的时候”处理我的邮件？

在此期间如果您需要及时援助……

瞧这话说的！首先，“援助”一词也太正式了，貌似只有在新闻里才经常听到。一般人都只说“帮助”而已。再者，这么说也不太理想，毕竟大多数人都很独立，不需要向人求助。人家不过是个普通人，出于某种原因要和你联系罢了。所以，还不如简单地说：“当我不在的时候，如果你有什么事情……”

请致电分机号码 702 联系我的助理吉娜 · 吉诺德，她也许可以为您提供帮助。

“也许”能帮助我？这话还不让对方心里犯嘀咕？干脆你就写“她会帮助你的，如果不行，她肯定会转告你的。”

如果您发送的是垃圾邮件，请把我从邮件地址列表中删除。

这句话可真是十足地冒傻气！你觉得垃圾邮件发送者会不辞辛苦地把你的自动回复读完，然后惊讶地大声喊道：“噢，说了半天原来你不想让我们骚扰你啊？那好吧，你就老实等着我们删除吧。”

别让你的自动回复变成“傻瓜”回复

要想让自动回复读起来不冒傻气，下次你可以试试这样写：

感谢您发来的邮件。我将外出一段时间，直到 4 月 1 日才能回到办公室，到时我会尽快答复你的邮件。如果在此之前您有什么需要，请联系我的助理吉娜 · 吉诺德，她的分机号码是 702。希望尽快和您取得联系。

对了，如果想听上去既专业又不失温暖体贴，不妨把邮件主题“外出工作中”改为“外出中，4 月 1 日返回。”

小窍门 71

让你的“外出中”邮件更加人性化

既然咱们都是正常人，干吗非要学冷冰冰的机器表达法呢？举个例子，如果你想说“闪光的未必都是金子”，肯定不会莫名其妙地来一句“不是所有闪耀灿烂光芒的物品都真的含金”。这么说你不觉得累，读的人还觉得费劲呢！

另外，如果能让邮件简洁轻松，那就尽量别搞得呆板生硬。用平常说话的方式来写就好，未必就显得不专业。

如何让你的邮件轻松有趣？

你可能听说过伊凡·彼德罗维奇·巴甫洛夫的条件反射实验，每次只要一摇铃声他的小狗就会分泌唾液。不过，你可能没听过他的另一个相似的实验。我觉得这个实验更加值得纪念，而且我相信你们的看法也会和我一样。所以，让我们首先来回顾一下这个实验。

巴甫洛夫把涂有辣椒粉的美味狗食喂给小狗们，过了一段时间以后，他不再喂狗食，只在小狗周围撒上一些辣椒粉。即便如此，这种刺激仍非常明显，小狗们在很长时间内一闻到辣椒粉的气味就会流口水。我把这种情况称为“刺激反射”。

好了，现在回到我们的主题。当然，你没必要让对方一看到自己发的邮件就垂涎三尺，可至少也不能让他们一看到你的来信就不寒而栗。

几年前，有一次我要帮着照顾两个小侄女一周，因为她们的父母要外出度假，而且这次假期他们期待已久，是非去不可的。一天晚上，由于要临时出差我无法在家陪她们。我的好朋友菲奥娜主动表示愿意留下来帮我照顾她们。

第二天早上，就在我准备去做演讲之前，我在酒店里收到了菲奥娜发来的一封电子邮件。标题是“大意外”。

糟糕！不会出了什么大事吧？那我可怎么向哥嫂交代？

我吓得不轻，哆哆嗦嗦好不容易才把邮件打开，只见里面写到：

> 莉儿，真是太抱歉了。我撞倒了客厅里那个漂亮的绿色花瓶，碎了一地。我已经试着用胶水把它粘好了，不过肯定跟原来不一样了……

是啊，不仅仅是花瓶不一样，这下连我对你的感觉也要大变样了！我几乎是下意识地马上产生了这种感觉。这倒不是因为她摔破了花瓶，而是因为她小题大做的表达方式实在是太吓人了！很显然她这么做完全没有预料到我会产生怎样的情绪，这才是让我绝对无法原谅的。

时至今日，每当我一看到发件人列表中有菲奥娜的名字，就会不由自主地感到心有余悸。她的无意之举已经让我产生了刺激反射，直接联想到巨大的恐惧。难道她就不知道，照顾我那两个宝贝侄女时一个“意外”的标题就足以吓得我魂飞魄散？

想想看，要是你的老板发给你一封邮件，标题是“明天早上 9 点到我的办公室”，你会有什么感觉？即使邮件的内容是要给你升职，可这种标题恐怕瞬间就会让你忐忑不安起来。

所以，无论你的邮件里有什么好消息，请一定想想看收件人读到标题时会有怎样的感受，一个差劲儿的标题所带来的巨大冲击是很难抹去的。

小窍门 72

邮件标题要小心

标题也是大学问，要是让对方产生误解或是带来什么负面影响就麻烦了。不管你的邮件内容多有意思，标题砸了也没用，因为对方在潜意识里已经把你列入了黑名单。一朝被蛇咬，十年怕井绳，以后人家再看到你的邮件肯定马上就会有心理阴影。

反之亦然

跟上面的情况正相反，要是你看到的邮件标题是“恭喜升职！”会怎样？心里肯定乐开了花，恨不得给老板来个大拥抱。

想让对方开心很容易，多写一些高兴的标题就好。比如，如果有人给你送礼物，那就把“好棒的礼物！”作为邮件标题。如果你想告诉对方自己有多喜欢她举办的聚会，那就把标题写为“我玩得真开心！”既然能在第一时间让收信人感到快乐，干吗还要等对方读到内容时再展露笑颜呢？

当我完成本书初稿发给编辑时，她马上回了一封邮件，标题是“写得真好！”不过我只高兴了一半，因为她光读了目录部分还没看正文。虽然后来因为某些部分的问题把我狠批过一顿，但这个邮件标题还是让我美得不行，一连几个月都不舍得把它删掉。

如果邮件标题已确定怎么办？

如果使用相同标题的邮件已经回复了很多次，那就不用再去改变。不过，你可以在适当的时候在标题后面加个括号，里面写点儿振奋人心的评语。比方说，你的团队一直在为派顿公司做一个项目，员工内部来往的邮件标题一直都是“派顿项目”。现在项目成功完成，你可以在原有的标题后面添一句“伙计们，干得好！”这样肯定能让大家信心倍增。

不知道你有没有看过经典喜剧《宋飞正传》，克莱默在里面的表演特别滑稽，以至于他一出场还没说话，观众们就会捧腹大笑。其实，你的邮件标题也能达到同样的效果。现在，赶快去查查你的“已发送”邮件吧，看看其中有多少邮件会让收件人还没打开就会心一笑！

小窍门 73

让你的邮件标题变成“开心果”

从今天开始，记得让你所有的邮件标题都变得开心有趣！如果标题已经确定，你可以加个括号，在里面补一句让人高兴的话。只要这样小试几次，我保证对方产生条件反射，一看到你的邮件心里马上就感到暖洋洋的。

我常听人说电子邮件是毫无个人色彩的，你无法从对方的文字中感受到喜怒哀乐。对此我可不认同。没错，电子邮件是不如人的声音或肢体语言那样丰富多彩，能够传情达意。不过一道亮丽的标题却能很好地展示你的内心，让大家领略你最真实的感受。

如何让你的邮件充满自信?

首先，我们来看看下面三封常见的邮件：

嗨，詹娜，周五晚上你大概有空吧，你看我们是不是能一起吃个饭？

杰弗里

嗨，凯丽，我还是下午给客户打电话吧，我觉得这样或许比较好。

阿苏卡

谭雅，我想知道你希望项目大概什么时候完成？

康纳

好了，问题来了：从哪里你能看出上述写信人的地位或层次比收信人低？

答案是：杰弗里、阿苏卡和康纳在表述愿望时都使用了“过去时”，体现出一种不确定感，听起来他们在提出请求时好像有些唯唯诺诺。不过这似乎也说不通啊，既然杰弗里约人吃饭都如此腼腆，那么使用过去时难道是要暗示对方以后自己就不屑一顾了？

同样，阿苏卡的说法也会让人觉得，难道你只想强调“这样或许比较好”，而把打电话的事抛到了九霄云外？还有康纳，拜托！我要是老板的话，你这么说肯定让我觉得：“啊？！难道你以后就不用知道我的想法了吗？”①

由此可见，说话时千万要慎用“过去时”，这样会大大削弱你想表达的观点或问题。这种方式看起来比较婉转，但实际上充满了不确定性，说好听点会让对方费点心思琢磨，说难听点完全会让对方丈二和尚摸不着头脑。

所以，下次一定要吸取教训哦！

“你看我们是不是……？”错！要说：“你肯定会……”

“我觉得这样或许比较好。”错！要说：“这样肯定行。”

“我想知道……”错！要说：“我要知道……”

小窍门 74

慎用“过去时”，模棱两可害死人

使用“过去时”表达时会让对方感觉你的话充满不确定的意味。要想表现出自信，最好改成现在时。试想一下，面对把房间搞得乱七八糟的孩子，怒气冲冲的妈妈会客气地说“能不能把房间收拾一下”吗？求婚时热情洋溢的准新郎会对自己的爱人说“你或许会嫁给我”吗？真是滑天下之大稽！

---

① 鉴于英汉两种语言的区别，英语使用过去时能体现说话人婉转和不确定性的特点。当使用这种表达方式时，听者有可能产生歧义，即误以为说话人“当时”希望如何如何，而现在已经不再这样想。——译者注

另外，我还要给女性朋友们一个忠告：给男士写信时，别再浪费笔墨去形容你的心情了，比如：

……我真是太激动啦！

……让我特别开心！

这真是让我太……了！

要知道，男人们可不像我们感情这么丰富。至少，大部分男人都不承认这一点。

好啦，凡事都有两面，接下来我们要看看那些超级自信的家伙是怎么办的。如何才能在你的邮件里避免咄咄逼人、令人生厌呢？

如何让你的邮件谦恭有礼?

据说，精神病患者使用“我”这个词的频率要高出正常人 12 倍。由此可见，说话时越喜欢讲“我”，证明这个人越不正常。

在谈话中，少说几次“我如何如何”是只有好处没有坏处的。即便一不小心说了出来，别人也可以一笑了之。但在电子邮件中，动不动就“我……”可不怎么招人喜欢。不过啊，就是有这种爱夸夸其谈的人，好像不这么着就不会讲话了一样。

等一下，莉儿，谈论自己的事情时大家不都是这么讲话吗？这样写邮件有什么不对吗?

你说得不错。这里就有一封很平常的邮件，我们一起来看看是怎么写的：

> 嗨，里克，我昨晚在你的聚会上玩得可真开心。我还认识了一大帮朋友。我希望你和夫人下周能和我们共进晚餐。我太太萨莎可有一手好厨艺，保证你们会喜欢！

看到没？这封邮件的每句话都是以“我”开头的。虽说是在写信邀请朋友，可读起来全是讲“我”怎样怎样，不但啰嗦重复，而且感

觉全篇都是以自我为中心。

那么，到底应该怎么写才好呢？如果我们亲爱的学究大人地下有知，听到下面的建议估计要爬出来抗议。要是他老人家还活着，多半也要给活活气死。其实，我的建议再简单不过，就是尽可能少说或不说“我”字。不信我们再来试试下面这段话：

> 嗨，里克，昨晚的聚会可真棒。你的朋友个个都特别风趣。希望你和夫人下周能来寒舍共进晚餐，让你们也品尝一下萨莎的手艺！

怎么样，这次读起来是不是好多了？整封邮件中一个“我”也没出现。

小窍门 75

少在邮件中使用“我”

要想避免对方反感，最好在邮件中少“我”长“我”短的。这样不但让别人读起来舒服，你的形象也会可爱不少！不信你可以试试看，打开一封最近写过的邮件，把里面的“我”字能删就给删了，但别改变基本意思。我敢保证除了吹毛求疵的语法专家，每个人都会更喜欢你的修改版。

要是有些地方删去“我”感觉句子很别扭，你可以把对方的名字插到“我”前面，比如：“里克，我希望你和夫人能……”

还有效果更好的一招，你可以把词句的结构调整一下，尽量让每句话都用“你”来开头：

> 嗨，里克，你昨晚办的聚会真是太棒了，每个人都玩得很尽兴。你请的朋友都好风趣。对了，你和夫人下周来我们家共进晚餐吧！你一定会喜欢萨莎的厨艺的。

商务邮件

在商务邮件中这个道理也同样适用。用“你”代替“我”会让你的语气听起来更友好。比较一下下面两封邮件，看看你更喜欢哪一个吧。

> 亲爱的琼斯先生：
>
> 我们昨天收到了您购买两个小灵通的订单。我们会在货到后以邮件方式尽快通知您。我们会在到货第二天寄出产品。

这是常见的冷冰冰的、先入为主式的邮件。下面的是按照“小窍门75”改写后的邮件：

> 亲爱的琼斯先生：
>
> 您订购两个小灵通的订单昨天已收到。货到后，您将在第一时间收到我们发出的电子邮件通知，产品会在第二天寄给您。

现在，你可以把以前的邮件翻出来，看看有多少句子可以修改，把“你”字放在句子开头？改完之后再以收件人的角度读读看，是不是发现感觉不同了？

要是你发现这些信读起来感觉都挺不错，恭喜你，以后写邮件你就一定能赢得忠实客户啦。

每个新生儿自呱呱落地那一刻起，医生都要把他们头朝下吊起来拍打小屁股，从此世界在他们眼中就开始颠倒了。只要听到别人称呼自己的名字或是张口闭口都以“你”为中心，马上就会感觉亲切得多。下一节我们来看看还有哪些办法让对方更惊喜。

如何在邮件中做到无所不知?

在每次飞行前，飞行员都会做一些预飞检查，看看邮箱里还有多少燃油，机翼震动是否正常。同样，在你完成邮件点击“发送”之前，也应该做一些相关检查。

很多人都会在邮件开头毫无来由地问候对方一句“希望你上周末过得开心”。奇怪！我上周末过得如何，你现在希望有什么用？或者对人家过去、现在或将来的节假日祝福好心情。这些开场白可太落伍了，难道就没有什么新鲜点的说法吗？

幸亏有了神奇的互联网，现在我们不用再这么俗套，完全可以让自己的邮件问候更“呵护”对方。比方说，你正在给千里之外身处另外一个州的人写邮件。别急，先上网查查当地的天气预报，问问她那里是否刚刚：

下了一场大雪？——“嗨，布伦达，大风雪的滋味肯定不好受吧。”

经历森林火灾？——“娜塔莎，太可怕了，希望那可怕的大火没有影响到你家！”

热浪滚滚？——“嘿，姑娘，桑拿天很热吧？”

哈哈，对方肯定想不到你是在网上气象中心查到的。那就赶快把它收藏起来吧！

当地有什么大新闻？

看看你家墙上的世界地图，随便扔个飞镖过去，不管目的地有多小，当地也一定有这样那样的事情天天在发生。全世界的报刊无论大小，哪怕就是一份关于马匹的报纸也绝不会在头版头条说“今日无事！”

像什么名人郊游、天才小子赢得拼字比赛第三名、二十世纪啤酒瓶盖博物馆开幕式之类的新闻肯定哪儿都少不了。只要用心找找看，肯定就会有收获。

当然，对方也一定心知肚明你是通过互联网找到这些小道消息的。瞧，你只要花几秒钟工夫，就能让他们从心底感动不已。

把关注范围进一步缩小

现在的网络搜索引擎功能实在是强大得令人匪夷所思，神不知鬼不觉就能查遍每一个社区，把某个变态博客里的只言片语给查个水落石出。

我就曾从一个同事那里收到这样的电子邮件：“希望你没有被砖块砸中。”他指的是在我居住的曼哈顿地区刚刚发生的房屋倒塌事件。当然，在一个超级大都市里，这可不是什么大不了的新闻，除非倒塌的恰巧是你家或是邻居的房子！

不难想象，他在邮件里表现出的细心和关注给我留下了很深刻的印象。

小窍门 76

发送邮件前搜一搜对方所在地的新闻和天气

这个办法简单至极，你只需花费几秒钟就能显著提升或牢固建立和对方的关系。比如，你可以在搜索引擎中输入城市圣伯纳德，眨眼之间就能得到一大堆相关信息。对于促进和收件人的关系，这可比一桶白兰地的效果好得多。虽然不费什么工夫，但回报却相当可观。

要是什么都搜不到怎么办?

嗨，小事一桩！你可以翻翻几个月前对方给你发过的邮件，从中查找可供利用的线索。比如：

扎克，你还没告诉我去年在迪士尼乐园玩得怎么样呢？孩子们高兴吗？

诺拉，你刚出生的小侄女最近怎么样？你经常花时间逗她吗？

凯丽，你发现送冰糖的神秘仰慕者是谁了吗？哦，对了，你去检查你的牙齿了吗？牙医是怎么说的？

小窍门 77

在邮件中让对方回忆从前

如果你打算给某个人发电邮，最好先仔细查查对方以前发给你的邮件。找出那些容易遗忘的生活点滴（必须是收信人感兴趣的事），然后重新跟对方提起。这样他们就会认为："哇，我在她的心目中一定非常重要。看，她连这样的小事都记着！"

学作一个考古专家

什么！还是没有发现什么值得提起的内容？没关系，千万别放弃。仔细动动脑子，想想看有没有其他任何细节可以利用。比方说，检查一下他上次给你发送电邮的时间。如果有什么异常的地方，那就在邮件中提到它。他是在早上或下午 7 点从办公室给你发的吗？如果是，那你可以在回复信件的结尾来一句："快回家吧，克里斯托弗，你工作太拼了！"

她是在凌晨给你发的邮件吗？那就心疼地来一句："麦迪逊，你又挑灯夜战了吧，赶快去美美地睡一觉吧！"不过，你就别暗示她这样有助美容了，搞不好人家会想："怎么着？嫌我是黄脸婆吗？"

有时候，甚至连对方姓名缩写都能帮你大忙。记得我的朋友埃莉诺每次在邮件结尾都会用可爱的"xe"① 来署名。不过，这一招也不是谁都适用，要是我的另一位朋友鲍勃 · 萨默斯也照葫芦画瓢来个

① xe，"Kisses,Eleanor"的缩写，意思是"吻你，埃莉诺"。——编者注

"bs"①，那可真是让人笑掉大牙了！

死硬派的较真

要是有人说自己既没发现什么不寻常的天气，也没发现什么地方新闻；既没有以前的邮件做参考，也没有发现异常的发送时间，那该怎么办？只要你不想就此放弃，仍打算写点别出心裁的东西，这儿还有一个小建议，可以让你最后一搏。你可以看看对方选择的邮件背景是彩色的吗？他们使用的字体是不是与众不同，比方说是楷书还是隶书呢？要是你能看懂，那就不妨抓住机会夸夸对方有新意。

---

① bs，"bull shit"的缩写，常用的粗俗语。——译者注

如何在邮件中表现得积极上进?

毫无疑问，你肯定听过有人这样吹嘘：“我吗？我从来不看电视。”可是，敢打赌吗？我保证这些人背地里一定会锁上大门，拉上窗帘，舒舒服服地躺在家里看《风流医生俏护士》(*The Young and the Restless*) 或《比基尼宝贝》(*Bikini Babes*)。

工作中也是一样。别看表面上大家都说得冠冕堂皇，可真要收到笑话邮件，谁不是紧张地环顾一下四周，如果没人的话就忍不住打开一睹为快呢？

当然，我们经常都会给同事发个笑话轻松一下，只不过发信人一定要当心。许多精明严肃的家伙收到这样的邮件时都会看一眼发送时间。如果这种笑话是在周一至周五上班时间出现在公司的电脑屏幕上，他们对发件人的好感就会大大地降低。

所以，如果你要发送的邮件和工作无关，那就等等，千万别在下班前点击“发送”。不能在这个时段发送的内容不一定是玩笑，同样也包括伤感故事、拯救海豹倡议、疾病预防警告或是你在婚礼上给宝宝拍的照片。

要是你在工作时间发送笑话或私人邮件给对方，收件人肯定会认为你经常这样糊弄老板。你想想，像这种上班时间不专心工作还四处炫耀的人，他在大家心目中的形象也一定不会好到哪里去。

小窍门 78

切忌在上班时间发送笑话

工作时你自己吊儿郎当也就罢了，干吗还非要四处宣扬呢？如果你在工作时间收到别人发来的笑话，一定要抵制住诱惑，下班之前千万别转发给自己的朋友。假设你就是公司老板，看到员工这样做心里会是什么感觉？如果你能这样想问题，那就离职场精英不远啦！

不要伤害他人的自尊

几年前，员工之间发送笑话的做法刚刚开始流行。有个星期六晚上，我刚和一位名叫帕尔默的优秀男士约会完。因此大家也许不难想象，当我周一赶到公司看到他发来的邮件时心里会有多么激动。我迫不及待地打开邮件，但出乎意料的是，这封信没有提及那个难忘的夜晚，更没说起我的迷人，里面只是一个笑话。真是不解风情啊！更糟的是，这个笑话还不是发给我一个人的，而是群发给一大帮人，我几乎都找不到自己的名字在哪一行！我真是要崩溃了！这个帕尔默，哪怕能在邮件里提一句“莉儿，希望你喜欢这个笑话”，那也能让我感觉好受些。至少这样可以表明这封信是专门写给我的。哼！就这还想继续跟我约会？门都没有！

其实要想更好地解决这个问题，他完全可以在发送笑话时另附一封给我的个人邮件，写上：“莉儿，我会时不时地发一些好玩儿的东西。希望你别介意我把你的名字列到了群发名单里。”

小窍门 79

群发笑话之前最好征求对方同意

要是你也喜欢群发邮件（就是把一封信同时发给四个以上的朋友），那么给新朋友群发前最好另附一封邮件进行说明。否则，这样会让对方觉得自己对发信人来说并不重要，反过来他也可能会很快忘记你。

更好的方法是，群发之前你可以问问对方是否愿意接收这种邮件。无论他的回答是什么，对方肯定对你的无微不至印象深刻，也就会愿意和你保持联系啦。

如何避免邮件惹祸?

当考古学家打开 20 世纪 50 年代的时光太空舱时，他们会在里面发现台式点唱机、塞尔兹矿泉水瓶、老式照相机、10 英寸黑白电视、几张老唱片、家用清洁剂等。可是，其中有一样东西是现在的年轻人肯定没见过的。

什么东西?

提示一下：它由两页纸组成，宽 8 寸半，长 11 寸，顶端粘在一起。上边一页是白色，摸起来感觉像纸巾；底下一页是黑色，一面光滑，一面粗糙，用手摸的话会在指尖粘上污渍。

新新人类，你们是不是还一头雾水啊?

答案

哈哈，上了年纪的人都知道，它就是复写纸。用的时候把它放到打字机里，粗糙的一面朝上。如今的孩子估计连打字机是啥模样都不知道了，没关系，回头查查网络百科全书去吧!

接下来把纸卷入打印机，然后就可以在上面打字了。瞧！无论你打的是什么，都会自动复写一个副本。不过，打完字可别忘了把手上的黑炭洗掉！

电子抄送，21 世纪的“复写”术

虽说当今的技术发展速度比微型处理器更新换代还要快，可说到复制邮件进行抄送，你还是得老老实实地把公开收件人的名字放到“副本抄送”中，而不公开的收件人姓名则必须放到“密件抄送”中。

这时就会出现一个问题。收件人很少去查看除了自己还有谁也收到了邮件副本，这可没少出现令人尴尬的下场。最常见的情况就是，你刚傻呵呵地给别人发完邮件，殊不知这封信早已经被抄送多次了。唉，这种事为啥总是我最后一个知道哩？

所以，我建议大家每次给他人抄送邮件时，最好在后面写上“已抄送”的字样，然后列出此邮件的其他收件人姓名。这一招很酷，表明你为了照顾对方感受，不惜专门花心思把其他收件人一一列出，这样他就不用回头再去查还有谁同时收到了你的邮件。

一次抄送引发的悲剧

说到抄送，还有一点要特别注意，那就是在回复别人之前一定要检查一下此前自己发过的内容，否则可能会惹上大麻烦！

下面我就要给各位讲讲我的一位同事的亲身经历，为尊重当事人，故事中的姓名已经做了改动。卡罗尔曾和我在某公司一起工作，她一直很讨厌自己的上司丹妮尔。

有一天，卡罗尔心血来潮，把大诗人勃朗宁写给心上人伊丽莎白·巴莱特的名句“我是怎样地爱你？诉不尽千言万语”恶搞成“丹妮尔，我是怎样地鄙视你？诉不尽千言万语”，接着又在后面列出了这位上司令她讨厌的各种原因，最后把邮件发给了我。

很快这件事就被我们抛到了脑后。接下来的一周里，我们俩一直都用邮件处理公司的某个项目。当然，为了省事，大家就直接在原来那封信的基础上彼此回复，只不过我们都没意识到那首打油诗竟然一直大大咧咧地藏在邮件底部。

到了周五，卡罗尔必须向丹妮尔汇报项目进度。当时她也没留意，直接就把我们之间的来往邮件给她转发了过去，当然顺便也给我抄送了一份。我浏览了一下整个邮件，读到最后发现她居然忘了删掉自己一周前的“大作”。说不定这会儿丹妮尔也看到了，正气得发疯呢！

果然，到下周一上班时大家突然发现卡罗尔没有来，而且从那以后就再也没出现过。

像这种愚蠢的低级错误在我们的身边屡见不鲜，不信你就到硅谷打听打听，随便哪个搞电脑的人士都能乐呵呵地给你讲上几段。因为这种事栽跟头的大有人在，不是气跑老婆就是丢掉工作，一点儿都不新鲜！

小窍门 80

抄送邮件前别忘了检查收件人名单和以前的回复内容

这一点很重要！扫一眼正文下面自动粘贴的以往回复信息，把那些无需公示的内容全删掉，以免去很多不必要的麻烦。不要在错误的时间让错误的人看到了错误的信息，小心卡罗尔的前车之鉴！

此外，抄送邮件时要记得在后面列出其他收件人的名字。这样不但更专业，而且简单明了。有了它，收件人不仅不必傻兮兮地到处去查还有谁收到了邮件，而且还会对你的体贴备至心存感激。

该“抄送”还是该“密送”？

好多自命不凡的所谓“专家”常常对使用邮件密送的做法嗤之以鼻，认为这样做太不正大光明，有偷偷摸摸的嫌疑。毕竟，这样一来收件人就不知道还有谁同时收到了邮件。所以，可想而知没有一本介绍沟通技能的书籍会提倡大家使用这种方式。那我也只好假装如此吧！

唉，可是话说回来，有时候你还真不得不这么做，既要写信让某人知道某事，又要防止此人知道别人也清楚此事。

你说麻烦不麻烦？看来，抄送还是密送？这的确是个问题！

莉儿的个人免责声明

鉴于上述结论，如果在邮件密送过程中蒙受任何损失、损害或由此产生任何费用，无论这些损失、损害或费用以任何形式出现，也无论该损失、损害或费用是马上出现或将来发生，我声明莉儿·朗帝本人及其后人、遗嘱执行人、遗产管理人、遗产继承人或遗产受让人，均不会因为其上述对邮件密送发表的言论承担任何责任。哈哈，照猫画虎来一段法律文本，这下我可脱了干系啦！

最后，让我们来看看就连最精明的电邮高手都会头疼的问题。

如何让邮件的结束语更感人？

电子邮件正式诞生的时间是1971年10月。可令人难以置信的是，即便是在这一技术飞速发展了几十年后的今天，我们仍在为如何处理信尾用语而头疼不已——到底是该写“谨致问候”还是“敬上”？是该说“一切顺利”还是一句简单的“谢谢”？是该直接签上我们的名字还是采用缩写？或者干脆什么都不写？这么复杂的问题，别管是电脑前辈还是新新人类，估计全都答不出个所以然。

要是Y世代的小年轻这样问起老祖母：“奶奶，信是什么样的？”她肯定会说是用手写或用键盘打出来的信息，同时还会告诉他们信尾一定要写上“忠诚的……”、“诚挚的……”或是“恭敬的……”之类的话。听到这里，恐怕他们会惊奇得连眼珠子都掉出来！

慢慢地大家逐渐开始明白，不必搞得跟老式打字机似的，不就是写个信嘛，哪儿有那么多条条框框？所以许多人便直接在信尾来个“祝好”就完了，还有更彻底的，干脆啥也不写。也是啊，不过是封平常邮件，不写也罢，难道谁还会去跟你较真不成。

说到这儿，也许有人会问“要是不写祝语只签名怎么样？”对于这个问题，如果从收件人的角度来说，恐怕大多数人还是觉得“那也太冷淡了吧”。

听听大师怎么说

写也不是，不写也不是；写的多了也不是，写的少了又不是……这可真是难为人啊！看来这么棘手的问题，只好召唤全能的宇宙 IT 超人来帮我们出主意了。作为网络精神分析专家，他肯定能回答有关新技术带来的复杂的心理和道德问题。

终于，大师的飞船抵达了，大家急忙围拢过去。等他一走出来，人群中马上有人高声喊出众人期盼的问题：“我们该怎样处理信尾结束语？”

跟所有的精神分析专家一样，大师反问道：“为什么邮件中必须要有结束语呢？”

“为了表达对收件人的敬意，”有人喊道，“这样会让邮件结尾听起来更友好。”

“没错！”大师点头表示赞许，然后把手指伸向天空问道：“人类语言中让对方听起来最动听的字是什么？”

“他的名字？”有人小心地反问。

大师捋捋胡子说：“完全正确，我亲爱的地球朋友，这就是你们应当在邮件结尾写的内容。”

人群中马上传来一个声音：“可他们的名字和我的信尾签名有什么关系啊？”

大师再次反问道：“信尾署名的目的就是向对方表示敬意、体现友好，对不对？”

大家点头表示同意。

“所以，你只要提到他的名字，然后用一句温暖的话语结束就可以了。当然，要是能把对方的名字放到最后，那么效果就会更好。你们人类怎么说来着？这样会让对方‘内心涌起一股暖流’。所以，你自己的名字根本就没有必要写。”

大师接着补充道：“除了极其正式的邮件之外，你可以在所有其他邮件的末尾签上姓名缩写以表示内容结束。当然，如果你认为有必要写上全名，那也没关系。”

看来问题得到了圆满解决，人群不由大声欢呼：“没错，很有道理。谢谢大师！”

然后，这位睿智的专家转身登上飞船，在众人的仰望中消失在无尽的网络宇宙，而那里正是所有电子邮件的最终家园。

学会用对方的名字署名

在写电子邮件时，所有人都会把收件人的姓名放在最前面，如“嗨，希瑟”、“嘿，贾维尔”、“你好，艾丹”等。这样做当然很好，可如果能在信尾也这样亲切地称呼对方一下就会锦上添花。下面我们来看几个小例子，体会一下这一招该怎么用：

> 非常感谢你的帮助，萨曼莎。
>
> 我期待着跟你交流，尼古拉。
>
> 劳伦，那天和你共进晚餐真是太棒了。
>
> 做得好，艾玛，你给客户留下了很深的印象。
>
> 玛娅，今天和你见面很愉快。

有了上面的句子足矣，后面什么都不写也没关系。当然，如果要添上自己的姓名缩写或全称也行。你想啊，对方读到最后突然看到你再次提起他的名字，这种意外自然会一下拉近你们之间的距离，让他对你的好感油然而生。

现代科技日新月异，当你阅读本书时，电子邮件可能已经被心理感应取代了。不过，这样可能会造成新的问题。如果人人都能读懂对方内心的想法，男人和女人恐怕永远都不会去繁衍生息了，人类这个物种也要灭绝，那时也就不再需要什么电子邮件了。

小窍门 81

用对方名字作为邮件的结束语

无论是私人邮件还是业务邮件，在结尾提起收件人的姓名会让对方感觉更温暖。至于你自己的签名其实无所谓，反正对方肯定知道发件人是谁。在邮件最后给他们来个“人类语言最动听的字”，对方对你的尊敬和友好之情肯定会迅速提升。

Part 9

10 招教你成为电话交际高手

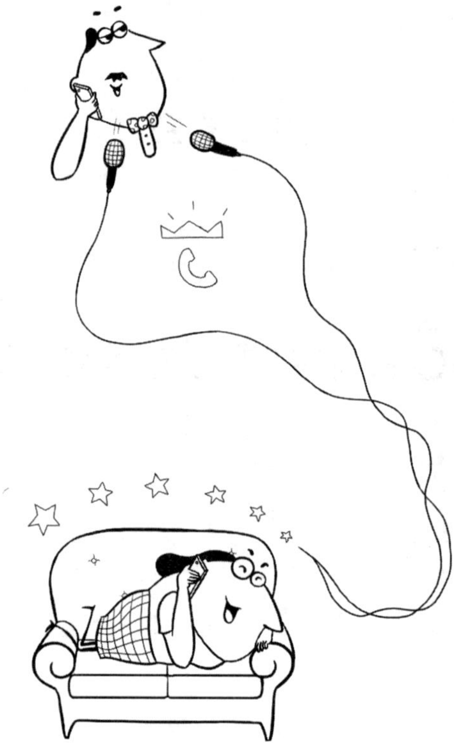

你可以假装自己的手机是个麦克风，你可以像歌手一样在电话中尽情展现自己的激情或性感。

该发邮件还是该打电话?

马歇尔·麦克卢汉是20世纪加拿大著名的教育家、哲学家、学者和沟通技能大师，他曾这样写道："信息本身就体现了其体现形式，从而形成一种共生关系。而媒介手段正是通过这种共生关系影响着信息被感知的方式。"

呵呵，有点儿不知所云？其实，简单点说这句话就是"媒介即讯息"。虽然麦克卢汉生活的时代还没诞生电子邮件，但即使有了这种新的媒介方式，他的观点依旧成立。

他甚至还预测到很多现代人都时常感到困惑的问题——我是该给打对方打电话还是该给对方发邮件？换句话说就是什么时候更适合打电话，什么时候更适合发电子邮件？因为有些事可能亲口表达更好，有些事却需要书面表达才理想。当然，有时候这种选择是显而易见、不假思索的。可如果情况比较微妙，难以马上做出决定时又该怎么办呢？

比如说，你的好友要去外地办一件重要公务，让你留在她家帮忙照看房子。你每天都要浇浇花，溜溜狗，还得喂鱼缸里的10条金鱼。

可有一天，你突然发现有条金鱼死了。

糟糕，这可怎么办呢？给她发个邮件？不行，这样做似乎有点冷

酷无情。

给她的办公室打电话吗？也不行，要是她正在忙，听到这样的消息肯定觉得我是个白痴，竟然会为了这么点儿小事打扰她。再说，那不还剩下9条金鱼嘛！

可谁也说不好的是，万一她非常喜欢这些小家伙怎么办？等她回来看到的话非崩溃不可，没准会对我大声嚷嚷："你怎么不早点儿告诉我帕奈尔死了？"

唉，到底是发电邮还是打电话？真是急死人啦！

问题的答案

其实你大可不必为此担忧，因为还有一个权宜之计。你可以找一个对方不在的时间给她语音留言。一般来说，给办公室语音留言的最佳时间是半夜；而要想给对方家里留言的话，最好选择中午。

你的留言开场白最好这样讲："我知道你很忙，不想打电话打扰你，所以我才在这个时候给你留言。"要是确实没有必要让对方回复，你还可以加上一句："不用给我回电话了。"这样能表明你非常顾及对方的感受，不想浪费他的时间。

无论是对朋友还是对恋人，这个小窍门都很有效。要是出于个人原因，你不想和对方亲自通话，那就趁他们不在时留一个语音邮件。此计最适合表白哦！不过请注意，要是你准备跟对方分手的话可不适用。这样，你既能免去尴尬，又能准确地传达内心真实的感受。

声音中流露出的欣喜或烦恼要比文字更真实，所以专业人士基本不建议我们采用后者。是啊，打电话的确更适合私人联络，比写邮件要方便省时多了。如果话题涉及到敏感问题或法律事务也不会轻易留下蛛丝马迹，可比邮件强多了。

小窍门82

在对方不在时采用电话留言

要是你既不想麻烦对方接电话，又必须进行私人联络，最好的办法是趁她不在时电话留言。这样能让对方感到你很尊重她的日程安排，充分体谅她的工作繁忙。当然，要是对方是块榆木疙瘩，完全不懂你的良苦用心，你也可以在留言中直接说明来意。比如："哈莉，我这时候留言是因为不想在电话里打扰你，不过这事确实……"

如何用手机提升对方的自尊心?

大约一年前，我曾接到过马蒂打来的电话。之前我一直感觉他是人际关系方面的高手，谁知道这个美好印象竟然很快就被打碎了。马蒂在一个较早成立的 IT 公司做营销总监。在互联网经济泡沫时期，这种公司曾大量倒闭，不过这家公司可是靠他的单枪匹马才撑了下来——反正他对那些崇拜者是这么说的。马蒂打电话来请我共进午餐，问我是否愿意为公司的客服人员培训一些电话沟通技巧。

看到他昂首阔步走进餐厅，我就感觉他肯定不是那种畏畏缩缩、过于敏感的人。果然，我们一坐下来，他的各种举动就证实了我的想法。马蒂一把掏出手机，啪的一声甩到桌子上，活像一个西部牛仔满不在乎地把猎枪扔到酒馆柜台上。可就在我准备拿起菜单点菜时，他的手机突然来了语音短信，只见他低声说了句“不好意思”，抓起手机就接听起来，那股兴奋劲儿就别提了。这让我感到有点儿不自在，只好假装看起菜谱来。

点完菜后我们开始聊天，刚说几句我突然听到一阵婴儿的哭闹声。这声音是哪儿来的呢？我四处张望却没看到餐厅里有人带小孩儿来。

看到我一头雾水的样子，马蒂一下子乐不可支。“哈哈，你也上当了吧！”说完他掏出手机自豪地说，“这是我们家小宝贝的哭声。让我录下来做铃声了，我老婆都快被这声音折磨疯了，嘿嘿！”

是啊，换了谁都得被逼疯啊！就冲你这么幼稚，我才不会去为你工作！

马蒂的手机铃声实在是够讨厌，就在我们吃饭的这顿工夫又嚎哭了整整3次！而且每次手机一响他都要深情地看上好几眼，仿佛是在犹豫该接电话还是该陪客人。

好不容易等到午餐结束，等离开餐厅时，他在我脑海中的形象已经发生了180度的大改变。这时的他让我感觉像是一个穿着尿不湿在屋子四处爬的婴儿，手里还抓着玩具手机不肯放下。

你的经历呢？

类似的情况大家肯定也经历过。比方说你正跟某人聊得起劲儿，突然对方的口袋或包里传出一阵贝多芬的第五交响曲、“齐柏林飞艇”乐队的老歌或是一段萨尔萨舞曲。这时，对方就像是被美人鱼的歌声所迷惑，抓起手机瞅上一眼。即使她知道你比打电话的人更重要，会马上若无其事地把手机塞回原处，可这个微小的动作还是会让你多少有点不舒服。因为对方没有顾及到你的感觉，连最基本的情绪预测都没体现出来。

有人肯定会说：“和别人见面前把手机关了不就得了。”没错，这当然是个好主意，只不过还不够好。下面我们来看看该怎样公开向对方展示你对他的尊重。

有一次在约会中，捷克建筑师伊凡·巴图库达曾深深地打动过我。他长相不错，人很健谈，而且性格和善，但这些都不是打动我的主要原因。各位一定很好奇，那么究竟他是什么地方吸引我呢？

我们一起到餐厅用餐，谈笑风生中我看到他把手伸入口袋——虽然这个动作并不起眼，可还是让我发现了。接着从他衣服里传出了手机关机声。我一下子觉得很感动，因为这表明他宁愿拒绝所有电话而只关注我一个人。

也许有人会说：“这也太做作了吧，他为什么不在和你见面前就把手机关掉呢？”

对此我想说的是：“难道大兵向将军敬礼是做作吗？难道英国人向女皇致意是做作吗？难道在泰历新年时儿童跪下为长辈洗脚是做作吗？”

当然不是！这只是人们表达敬意的不同方式而已。

反过来想，要是士兵都提前行礼，市民提前致敬，孩子们事先洒水祈福，你说对方还能感到他们表达的尊重吗？所以，如果见面之前就关闭手机，对方就无法亲自体会你对他们展现的尊重啦。

小窍门83

当着对方的面关闭手机

想在约会时吸引对方的好感？很简单，不管是聊天、共进晚餐还是享受二人世界，记得把手机打开。等约会开始时，当着对方的面把手伸入口袋关掉它。注意，整个过程要装作若无其事，继续和对方有说有笑，这样才会达到最佳效果。当你的关机铃声响起，对方肯定会充满感激，因为至少在这一时刻，对他来说你才是全世界最重要的人。

“高啊！”不过你马上想到了另一个问题，“要是我没想到这一

招，正跟对方聊得开心时手机响了怎么办？”别急，我们照样有补救措施。

适合动作敏捷者的解决方案

就像高手会熟练地在手上翻动硬币一样，下面的小招数也要求敏捷的动作和反复练习才行。首先，要牢记手机经常存放的位置，然后练习一边说话一边不动声色地伸手关闭来电。注意，整个过程要如行云流水般自然，不能做满头大汗四处寻找状。而且，光关闭来电还不够，必须接着关闭手机电源，这样对方才会在甜美的叮咚声里对你好感倍增。

这一招的最高境界是动作一气呵成，表情若无其事，甚至连嘴上的话都不带打磕儿。没事，多练几次，你肯定能成为高手的。

接下来要说的是另一种情况，处理得当也会让对方自我感觉良好，当然他们也会因此对你刮目相看。

如何接不熟悉的人的电话?

下面的情景恐怕大家都遇到过。电话响起，你拿起听筒，一个愉快的声音传来：“嗨，我是彼得。”

彼得？哪个彼得？我怎么不记得认识叫彼得的人？

这时，大多数人都会这么问：“嗯……请问您全名是什么来着？”

这话的杀伤力可够大的。要是你稍微有点儿情绪预测力的话，肯定知道这位彼得——甭管到底是谁——听到这话多半会很生气。

要是碰巧对方是个急脾气，估计会说：“啊？你不记得我了吗？上次在高尔夫球场……”

你终于想起了对方是谁，为了弥补对方的颜面，这时一般人都会说：“哦，是你啊，彼得。嘿嘿，真抱歉！”不过为时已晚，可怜的彼得肯定感觉自己被人遗忘了，而你也好不到哪里去，心里半是惭愧半是不安。瞧，原本多好的一次对话，就这样让你给搞砸了。

我们可以来做个小统计。商业调查报告称我们一年当中大概要接触 100 个有名有姓的人，包括社交圈里的人、业务联系对象，以及不知从哪儿冒出来的拐弯亲戚。其中约有一半的人会想当然地认为，你应该一字不差地记住他们的名字！而在这些人中又有一半有可能会跟你联系。最后，不管出于什么原因，在这些潜在联系人中又有一半真的会给你打电话。

好啦，现在你知道会有 12.5 个完全不记得名字的人会打电话给你。所以时刻准备好吧，使用下面的小技巧来帮你挽回面子（当然也包括对方的面子）。

玩转陌生人来电

这条小窍门真的很实用，不但能让你在接陌生电话时免于出丑，还能掩饰自己的健忘毛病。

对方：“嗨，我是彼得。”

你要笑呵呵地说：“哦……我认识两个彼得啊，你是哪一位呢？”当对方提起自己是高尔夫俱乐部那位彼得时，你要露出超兴奋的声音跟对方往下聊，这样会让对方暗自庆幸：“还好我不是另一个家伙！”要是他只是报上了全名，以为这样就会唤起你的记忆，你就装着继续思索：“哦，你是住在哪儿的彼得啊？”这时如果对方够坦诚，就会接着给你提示。当然，要是他先没了兴趣就会草草收场，你不也正好省得往下进行了嘛！

小窍门 84

告诉打电话的“某某”，你认识两个同名的“某某”

要是对方打电话时只顾说“姓甚”而忘了“名谁”，碰巧你又一时想不起来，这时要尽量亲热地来一句：“噢，我认识两个某某，您是哪一位呢？”一般情况下对方都不会想到是你健忘，因此会爽快地报上全名或是告诉你你们当初相识的情况。

如何摆脱“大话王”？

要是打电话时让一个大话王缠上可够烦的，怎么婉转暗示对方挂电话都没有用。如果你感觉良心上过得去，那就试试下面这个小窍门吧。不过你首先要准备三样东西：幽默感、一个小道具，以及几分虐待的欲望。

你可以去找家玩具店，买一个孩子们玩的能发出仿真铃声的玩具手机，然后带回家把它放到自己的电话旁边。

玩具手机全攻略

好啦，让我们来试验一下效果。

第一步：

当对方还在漫无边际地神侃时，按一下玩具手机上的响铃键。让它响上 3 次。

第二步：

抱歉地告诉对方：“请稍等一下，我另一个电话响了。”

第三步：

关掉玩具手机的铃声，然后假装正在和一个很重要的人通话。记住你的声音要够大，好让电话那头唧唧歪歪个不停的对方能听到：“不，不，先别挂。我那个电话马上就打完了，你稍等一下。”

第四步：

转身告诉大话王：“真抱歉，刚才是我一直在等的一个重要电话，你看这不才打过来……”

只要是正常人听到这里唯一能说的就是：“好吧，再见！”

小窍门85

买个玩具电话救急

可别小看玩具手机，关键时刻它的作用可是很大哦！你可以把它放到电话旁边随时备用，要是碰到什么喋喋不休的大话王就能派上用场啦。不出十秒钟保证让对方鸣金收兵。

哈哈，这个小玩意儿还真是百试不爽。所以每次当它帮我解围后，我都要赏它个胜利之吻！

下面这个小窍门讲究的是一“击”制胜，让对方在电话另一端感动到“无言以对”。

如何结束通话能让对方更高兴?

关于宝贵的时间，就连全世界最伟大的科学家爱因斯坦都讲过其相对意义。当你开心时感觉时间就过得快，而当你不开心时则感觉它似乎永无休止。这不，你正和绰号“大话王”的某女士通电话，虽然你很赶时间，可对方还在那儿滔滔不绝。明明你说了急着要走，对方还是非常热情地说：“好，好，再说两句就好。”地球人都知道，您这“两句”恐怕没有个把小时是打发不了的。

我们都听过电视上的天气预报：“今天气温华氏 40 度，但由于受到风力因素的影响感觉只有 30 度。”是啊，这说明很多情况下事实可能并不重要，真正重要的是人的感觉。比如，刚才的大话王虽然只多讲了几分钟，可因为你不耐烦，所以感觉好像对方啰嗦了起码半小时。这就是时间和感觉之间微妙的相对关系，处理不好的话你只会让对方备感痛苦。

听出对方离意时要学会先挂电话

有天上午 11 点半左右，我正在和客户迈克尔·托马斯通电话，他是来自伊利诺伊州托马斯运输公司的经理。当时我必须要赶在 12 点之

前完成一个计划，于是在电话随口就提到了这件事。一般人在听到这个信息后都会认为谈话差不多该收尾了，那就随便再聊两句挂电话好了。可迈克尔不是这样，他马上客气地对我说："好吧，莉儿，我们回头再谈。"然后咔嗒一声就把电话给挂了。

这一招可确实让我没想到，我不由得盯着话筒愣住了。敬佩之情也随之油然而生，因为这种当机立断充分体谅了我当时的处境。我对他高超的情绪预测能力感到十分佩服，感谢他教会我如此宝贵的电话沟通技巧：当得知对方时间不多时，给自己10秒钟——说一两句客套话，然后直接挂断电话！

另外我还要感谢莉萨·史特莱克对这个小窍门所做的小小改进。她和一些身为父母的朋友们私下约定，要是孩子们开始扎堆儿捣蛋，大家只要来一句"好啦，该回家了"准能让这帮小鬼服服帖帖。哈哈，够绝吧！

小窍门 86

知道对方时间紧就马上主动挂电话

打电话时如果对方告诉你自己赶时间，那就一秒钟也别耽误人家。学会当机立断，用一两句话解决战斗。不过有一点要注意：你的语气要友好，别让对方感觉你是愤然而去。

但如果对方不赶时间，双方只是进行普通的电话沟通，那情况就完全相反了。如果双方是同时挂电话，你最好手握话筒在半空稍作停留，然后再放下。换句话说就是要在对方之后挂电话，这样才能让人家感觉良好。你留给对方的最后印象应该是热情的告别，而不是冷冰冰的"咔嗒"声。

如何报电话号码更酷?

首先要声明的是，如果下面的小窍门不合适你，请不必采纳。不过，对我来说它可实在是太好使了！

每次接听别人给我留的电话留言时，我都要忙个不亦乐乎，手忙脚乱地在桌上乱翻一通，想要找到纸和笔记下对方的电话号码。结果费了半天劲才翻出一张汉堡包的包装纸，等我终于摸到能用的笔，留言早就放完了。于是我只好重新再来一遍，只有这样才能成功完成这个“艰巨任务”。

有一天，我终于忍不住向同事桃瑞丝抱怨起来，记下留言中的号码怎么就这么难啊！这实在是个痛苦之举。有鉴于此，我肯定也不想让别人同样承受这种折磨。没想到她竟然给我提了一个聪明绝顶的好主意。具体做法就是，在留言的开始和结束时同时报上自己的电话号码。这个办法让我激动不已：“哇！桃瑞丝，你可真是帮了我大忙了！”在随后的一年里我一直都如法炮制，现在已经很专业了。

可换成收听对方的留言时，由于长久以来的心理阴影，我一听到前面报号码时就忍不住紧张：“糟糕！就要报了，不记就没机会啦，赶快动手吧，不然还得重来一遍。”

于是又是一番手忙脚乱的寻找。由于无法集中注意力，结果人家

明明是两头报号码我还是照样要重复再重复。就这样屡败屡战，终于有一天我才发现：原来这个过程还可以更简单。

这天吃完午餐后，我回到家打开了电话录音。我的前夫（直到现在我们还是好朋友）在录音上说：“嗨，莉儿！我是巴里。我的号码是765-4321。我会在留言结束时再重复一遍这个号码……”

哈哈！这不就把我的难题解决了吗？可怜我还费了老大劲儿去狂练习怎么记号码，没想到巴里竟然这么体贴！这下子我终于不用紧张兮兮，可以专心听对方的留言内容了，因为我知道后面肯定还会重复号码。

虽然这份感激并不能让我们重新走到一起，不过我还是挺开心，毕竟这个帮助可不小啊。

小窍门87

在留言中提示对方自己会重复号码

电话留言时，上来就报一下自己的电话号码，然后告诉对方此号码会在留言结束时重复一遍。这样，收听人不但能专心倾听你的内容，还会对你的细致入微赞赏有加。

按对方的习惯报电话号码

下面是对上述小窍门的一个小小改进。尽管很多人对此可能毫无意识，但如果你能掌握肯定会让对方另眼相待。

实践表明，人们会使用不同的方式来表述和记忆号码。有些人喜欢用单个数字排列的方式，如“7-6-5-4-3-2-1”；有些人则喜欢把数字分成几组的方式，如“765-43-21”。

这就好办了，你可以试着按对方的习惯来报电话号码。两种方式一种前面用，一种后面用。而且，你还可以最后来个锦上添花。还记得上一章网络大师的建议吗？在邮件末尾写上对方名字读起来最令人感动？现在你也可以在电话留言里试试。想想看，对方在留言结束时竟然听到自己的名字，那还不得乐开花啊！比如，你可以来一句“伊森，谢谢你”或“期待你的回音，伊森”。

怎么样，是不是感觉不错啊？至少伊森会很高兴嘛！

小窍门88

采用不同方式报电话号码

在留言中报自己的电话号码时，可以前后两次采用不同的报数方式。这样很保险，其中肯定有一种是对方习惯使用的方式。

另外，跟电子邮件结尾一样，留言完毕再提一下对方的姓名马上会让他／她感觉良好。

如何让语音邮件给对方留下深刻的印象？

几年前，曾跟我合作过的一家出版商破产了，于是我便收回了自己作品的发行权。很快，我又把这本书推荐给了另外一家出版商。第二天，一位名叫阿诺德的编辑打电话来，说他对这本书很感兴趣。哇！这么快就得到好消息，我激动得差点没翻两个跟头然后大喊一声："耶！"我努力抑制住自己，故做平静地让对方说详细些。

他说这本书还需要做些改动，不过这个任务最好还是交给编委会去做。说到编委会，在作家们的恶毒幻想中，它更像是个由一群重要人物（全体编辑们）组成的审判席。他们围聚在这个名为"出版社"的大厅里，巨大的石桌上是一堆堆的书稿，在这些书稿的背后则是一群急待成名的作者。此时，对这些高高在上的大人物来说，唯一要做的工作就是把我们的心血随便找个理由给枪毙掉。

就这样，带着不安和憧憬，我也开始了等待。一周过去了，毫无消息；两周过去了，还是杳无音信。终于在一个周五，我从家里的电话录音中听到了阿诺德久违的声音。经过如此漫长的等待，我想大家肯定能理解我当时的心情有多兴奋。阿诺德的留言是这样的："莉儿，我有个好消息要告诉你，请给我回电话。"

哈哈，我高兴得真想展翅高飞。不过周末给他打电话不太合适，等下周一再说吧。我兴冲冲地抓起电话，把这个好消息向两个死党大肆炫耀了一番。我得意地宣布："今晚大家都来西班牙高级餐厅庆祝，我请客！"那天的晚餐可让我花了血本，呵呵，管他呢！既然出版社已经同意出版，那丰厚报酬还不是唾手可得嘛。

悲惨星期一

终于捱到了星期一，早上 9 点刚上班，我就热情地把电话打了过去，想问问阿诺德具体出版事宜，比如像出版期限和稿酬之类的问题。

"嗨，阿诺德，你给我留言说有一些好消息。"我激动得有些上气不接下气。

"是啊，"对方答道，"我准备离开这里了，到另一个更有声望的出版社去工作。"

我一下愣住了，沉默中……

"哦，原来是这样啊，呵呵……"我尴尬地回过神来，言不由衷地说，"那……太好了……恭喜你啊！……真为你高兴。"当然，最后这句话我是认真的，这确实是值得高兴的事，只不过高兴的人不是我而已！这时对方开始哇啦哇啦地跟我讲过去之后的各种新机会，我嗯嗯啊啊地应付着，可思想早就开了小差。

少忽悠啦，你这一走我还指望谁给我推荐作品啊？别人我又不认识！这下你可让我丑出大了，回头我怎么跟经纪人和朋友说啊？更惨的是，这下我又要沦落困境，跟那些苦熬出头之日的同行们血拼了！

虽然这件事并没有让我彻底失去对阿诺德的尊重，不过也差不多了。难道他就不能站到我的角度想想看，预测一下我的情绪吗？你这样留言，我当然会以为这个好消息是关于我的，这不是顺理成章的事嘛！这件事虽然没有让我们中断联系，可这种打击还是让我记忆犹新。要是下次我有新的出版计划，打死我都不会选他做编辑！

所以，下次你给别人留言时一定要三思而行。想想对方最近有没有经历什么事情，对方有什么心事之类。不管有什么问题，一定要先谈对方的关注点，然后再说和你有关的事。通常我们在电子邮件中都会这么做，可一到打电话时却往往忽视这一点。

日常电话举例。比如，你的朋友艾瑞卡刚刚度假回来，留言时不要说：“嗨，艾瑞卡，我是某某，请给我打电话。”你应该这样讲：“嗨，艾瑞卡，听说你回来啦！我是某某，真想听听你的旅行故事。每年的这个时候，康涅狄格州的树叶一定很漂亮，你肯定照了不少照片吧。有时间的话给我回个电话，聊聊你的旅行见闻。”

业务电话举例。业务电话内容要简短些，不过仍要首先关注对方的情况。你的同事上周不是刚参加了一个销售会议吗？留言时你可以说：“嘿，卡尔，怎么样？会议开得还顺利吧，这样你多少能稍微放松一下。对了，我打电话是想问问……”

回到前面，如果阿诺德具有情绪预测能力，他就应该预测到我的担忧，然后这样留言：“嗨，莉儿，关于书的事情暂时还没有回复。不过，给我打个电话吧。我有些其他的事情想告诉你。”要是这么说的话，我对他的印象肯定不会像现在这么差。再说，我也能省下几百块的请客费不是！

小窍门 89

留言时先关注对方的感受

建议大家给别人留言之前，最好仔细想想对方最近有无心事，是不是一直在等你给他／她什么答复。如果有，一定要先提对方的关注点，然后再谈自己的事。

如何让你的声音“绕梁三日”？

有一天，一位歌手给我打电话，说是想在我的小模特公司做些配音工作，因为我们经常要为展会提供模特表演。我问他是否有声音小样，他说没有，不过在电话中我听到他的嗓音很有层次感。无论是他高声谈笑时的抑扬顿挫，还是谈论抱负时的慷慨激昂都让我感到印象深刻。于是，我通知他当天晚些时候过来面谈。

扎卡里是 2 点半赶到的。我给了他一个小脚本让他读，但是结果却很失望，因为与他面对面时，我发现他的声音并没有刚才在电话里的“神奇效果”。

面试结束正当他要离开时，扎卡里说自己的手机忘在家里了。他问能否用我的手机打个简短的本地电话，因为他答应要在 4 点钟之前给合作伙伴打电话。

于是我把手机递给了他，告诉他可以随便打。他一边拨电话一边向办公室的角落走去，以免干扰到我。

不一会儿，我听到角落里传来一阵响亮的笑声。显然，他肯定是被对方的什么俏皮话给逗乐了。我抬起头向他望去，只见拿电话的手几乎伸出了能有半米远。可接着当两人讨论晚餐时，他又把电话紧贴到脸旁。又过了一会儿，两人可能谈到了什么私密的事情。虽然我啥也听不到，但却分明看见电话几乎都要碰着他的嘴唇。片刻之后，笑声再次爆发出来，我注意到跟上次一样，他又把电话拉开到几英尺之遥。

挂断电话后，扎卡里尴尬地笑了笑，充满歉意地说：“很抱歉，莉儿。希望我没吵到你。”

“当然没有。不过，你拿手机的方式倒是挺有意思！”我趁机提了一句。

“哦，是啊，老有人这么说我。我想我可能太投入，把电话当成唱歌时的麦克风了。”哦，原来是这样！我的脑筋又开始活动了。

再来一次

我灵机一动对他说：“扎克，如果不耽误的话，你能对着它再读一下刚才的脚本吗？”说完我从办公桌上拿起一个小录音机递给他。

“没问题。”他又按照我的要求做了一遍。可惜的是，他的表现还是和第一次一样，没什么特色。不过在阅读时，他习惯性地把手里的录音机挥来舞去，一会儿紧贴嘴唇，一会儿又拉开老远，有时还会变换不同的角度。

接着，我们一起听了录音。这次的结果实在出人意料——录音机里的声音听起来精彩极了！

为什么会这样呢？这是因为多年使用麦克风的习惯已经让扎克打电话时会不由自主地转换手机的角度和距离。这也说明了为什么在第一次电话交谈中他的声音会如此丰富多彩。明白了这一点，我毫不犹豫地就和扎克签了约，让他负责配音工作。

亲爱的扎卡里·托马斯，虽然时过境迁我不知道你现在人在哪里，但我希望你能看到这段文字。我要感谢你教会我这个小窍门：打电话时注意变换话筒的距离。

正如麦克风是歌手展现魅力的一部分，你也可以通过调整手机距离来增加声音的层次感。当然，你完全不必像扎克一样专业，掌握各种距离和角度方面的技巧。你只要记住两条就足够了：移近和拉远。

要是你的朋友在电话上讲了个笑话，你既想报之以大笑，同时又不希望让对方感到刺耳，那就把手机拉开一定的距离。反过来，要是你想在电话上对亲密爱人一诉衷肠，可以把话筒贴近嘴唇，这样你的声音听起来才会更加性感。

据说打电话时声音会在线路上损失 30% 的能量。实际上，许多人打电话时都习惯让声音保持一成不变，这是因为大声嚷嚷弄不好会把对方的耳朵震聋，而低声细语对方又可能听不到。

说了这么久，各位还是去找个录音机试试吧。听完里面的声音，保证你马上就明白我的意思了。

小窍门 90

把你手机当成麦克风用

你可以假装自己的手机是个麦克风。当你大声说话时，就把它远远拉开；当你窃窃私语时，就让它贴着嘴唇。现在，你再不用在电话中压抑情绪啦！你可以像歌手一样在电话中尽情展现自己的激情或性感。

如何通过电话判断身份?

好啦，现在我们可以结束上面手舞足蹈式的沟通技巧了。接下来的小技巧需要我们锻炼一下脑力活动。这个窍门对心理医生、大件商品推销员，或是那些对好友的私生活有十足好奇心的人很实用。

说到这个小窍门，我还是从人性研究高手兼汽车推销员萨尔那里学到的。

最近他打电话对我说："莉儿，我想告诉你，你教给我的小技巧让我的销售业绩一路飙升。"这家伙夸起人来真不含糊，那是张嘴就来，还都一套一套的！我赶忙客气一番。

"真的，不骗你，我确实非常感谢你，莉儿。不过，今天我也想和你分享一下我的个人技巧，我保证你会感兴趣。"

"好吧，萨尔，我洗耳恭听。"

"嗯，你知道干我们这行，需要观察谁是管事的，是男方还是女方。换句话说就是到底谁决定买车。我的招数是这样的。比方说来了一对夫妇坐下来跟我聊，我会随便问上几个问题，比如问他们要不要导航控制系统或是 CD 播放器之类的东西。我会当着两人的面提问，问完后就可以静观其变。我要观察这时是妻子先看丈夫，还是丈夫先看妻子。要是男方看女方，那就是老婆说了算；要是女方看男方，那老公就是做决定的人。”

“嗯，还挺有意思，萨尔。”

“别急，莉儿，真正的窍门还在后面呢。等他们在商量时我会先借故走开一会儿，这时对方以为我可能要去洗手间，其实我是溜到后面的办公室给他们家打电话。知道我为什么要这样做吗，莉儿？”

“不知道，不过很明显他们不在家啊！”

“没错，所以我才这时候打啊。因为一般在这种情况下会听到家里的电话录音。你明白了吗？”

“嗯……还是不明白。”

“我就知道你不明白。”萨尔洋洋得意地说，那语气听起来就像是电影里的大反派金牙佬，“我打电话就是想听听电话里录的是谁的声音！会叫的狗就喜欢到处汪汪嘛！怎么样，莉儿？我的招数还不赖吧！”

我觉得确实应该恭维他一下：“萨尔，你可真高！”

不过我心里还是有点拿不准。他说每对夫妇中总有一方是老大，这个说法可能有点夸大其词。但必须承认的是，在制定重大决策时夫妻双方的确是不太平衡，总是要有一方掌握更大的决定权。

接着，在好奇心的驱使下，我决定偷偷做个实验。我把所有认识的已婚夫妇以及同居中的男女朋友列成名单，然后根据我对他们的了解程度猜测两人之中谁是决策者。最后我会趁对方不在家时一一给他们打电话，看看事实和我的猜测是否吻合。

果然，大部分情况下我听到的录制声正是我事先选定的一方。这个实验的准确率竟然高达87%。当然，要是你在留言中听到的是孩子的录制声，那就另当别论了。

不信你也可以试试。不过千万别告诉对方，否则朋友将很快离你远去。

小窍门 91

录制语音邮件的技巧

要是我告诉你下次再录制家庭语音邮件时一定要亲力亲为，这样做是不是有点太过分？那就不必当真啦。不过要是你的公司同事喜欢往家里打电话，那就还是录你的吧！

为了公平起见，其实我还有个建议：那就是把固定电话拆了，一人准备一个手机。要是你们夫妻俩都会读到这本书，这个法子可就再好不过啦。

Part 10

深化现有人际关系的 5 个小窍门

在和别人聊天时，别忘了有意无意地夸夸自己的另一半，告诉大伙他或她有多优秀，以及你有多自豪。多提提那些让对方感到骄傲的长处，才能更好地提升你们的夫妻关系。

如何长久赢得对方的好感?

每年当有一个特别的日子从你的日历上翩然滑过时，是否会突然让你重温起那些曾经历过的甜蜜往事？沉浸在美好回忆中，整个人甚至都会痴痴地傻笑起来。

那一天是你的毕业纪念日？找到第一份工作的日子？遇见心上人的日子？戒烟成功的日子？收养可爱小宠物的日子？赢得五年级呼啦圈比赛的日子？……随着往事在大脑中的积累，回忆的雪球也越滚越大。唉，如果往日可以重现该有多好！

在我的记忆中，最特别的日子是处女作发行的那一天。出版社答应当天给我送 10 本样书，于是我一大早就迫不及待地等在门口，恨不得邮递员能开着火箭送快递。

望眼欲穿中终于盼来了邮差，我激动得几下撕开外包装，向他展示我的大作，不厌其烦地介绍各章的内容。虽说邮递员从来都是风雨无阻日夜兼程，从不耽误自己的任务，可我愣是华丽丽地把人家给缠了个哭笑不得。最后，当这位勇敢的人好不容易逃出我的“魔爪”准备离开时，我还很认真地建议他回去也动手写本书。至于内容，就写路上的坚果好了，有感而发嘛！

在后来的女生联谊会上，我还没缓过劲儿来，跟众人大侃特侃所有跟自己成功沾边儿的东西，就连说到我的写作服——一套睡衣，都会乐得哈哈大笑。还有就是我每天的两点一线跟别人都不同，别人是从家到办公室，而我则是从床到电脑桌，哈哈哈！

可是，大家怎么都笑不出来呢？

又过了好几天，我才终于清醒过来，一改那副夸夸其谈的疯子摸样，重现往日里温柔贤淑的小女子形象。虽然生活又回到正轨，可从此之后那位邮递员见了我就远远地躲开，唯恐避让不及。唉，此中尴尬，不提也罢！

一年之后

转眼就是整整一年，现在的我早已没了当初的兴奋劲儿，信步来到邮箱旁，令人意外地却发现了一封亲笔信，里面居然是张贺卡。奇怪！怎么会莫名其妙地收到贺卡呢？会是谁寄的，又是庆祝什么事呢？带着满腹狐疑拆开一看，我的内心顿时激起了无限温暖。原来是几位好友，虽然在一年前让头脑发胀的我折磨得够呛，却还没忘记在今天这个特殊的日子轻轻对我说一句“祝贺你的第一本书成功出版”。这是怎样的情谊啊！看着贺卡上熟悉的名字，我的眼眶也不由得模糊起来。

平日里收到一张生日或假期贺卡的确也会让我们高兴一阵儿，可比起意外中收到别人庆祝你人生大事的贺卡时很明显就微不足道了。这仿佛是一条人生规律，所得的奖励越是独特和意外，人们就会对其越加珍惜。

现在，你可以想想看在过去一年当中，好友的生活里出现过哪些重要的时刻，请一定把它记下来。然后在今年的那一天来临时做一张“周年纪念卡”送给对方。如果你确实想不出有什么重要日子也不要紧，这个小窍门至少能帮助你为明年的行动打打基础。因此，从现在起你要留意记录朋友和同事生活中的快乐时光，甚至连对方告诉你的开心事也行。

我的朋友维姬 · 亚拉伯罕曾告诉我她是在劳动节的周末，在一个温泉泳池里爱上自己的男朋友的，现在他们马上就要步入婚姻殿堂。后来我在第二年的 9 月 1 日[①]给她寄了张贺卡，上面写的是“温泉游泳周年快乐”。维姬说这张贺卡让她永远难忘。

小窍门 92

别忘了给好友寄张“周年纪念卡”

平时要多留意好友生活中取得成就或是比较重要的时刻。这一天可以是他获得晋升的日子，也可以是他和爱人相遇的日子（离婚的日子大概也可以吧？）。当然，别忘记他们的小宝贝诞生的日子，或是小家伙长出第一颗牙的日子，等等。这样，当你寄出周年纪念贺卡时，他们对你的好感指数肯定会激增。

另一个小秘密

我曾经有个老板是个老学究式的人，喜欢对人呼来喝去，而且一谈起自己的猫就忘乎所以。平时只要她不是忙着挑我的毛病或是发号施令，那就肯定是在跟别人吹嘘自己养的猫。一听到她唠叨自己的猫

---

① 美国的劳动节是每年 9 月的第一个星期一。——译者注

我就头大，因为她能从猫食讲到猫玩的毛球、猫的生日甚至是她中意的猫窝样式！

这一年正巧是我开始练习记录别人生活中的重要时刻，于是我就趁着猫咪生日的时候给老板寄去了一张贺卡。出人意料的是，没过多久我发现自己在公司的处境竟然发生了奇迹般的变化，老板似乎对我也不再那么苛刻了。看来这一招“投其所好”确实有效啊！

如何让大家对你的感谢记忆犹新?

自从蹒跚学步时起，父母就会教我们收到别人礼物时要说谢谢。从古至今这一点一直都是良好家教的必修课。

收到别人的礼物时，我们当然要说谢谢。可如今“谢谢”这个词贬值得如此厉害，以至于人们听到它时往往无动于衷，没什么特别反应。既然送礼者满心欢喜地希望听到对方表示感谢，那接受者就不该用一句稀松平常的“谢谢”敷衍了事。面对这种情况，怎样做才能显示出自己的真诚呢？我建议大家不妨试试下面的小招数。

一年前，我曾送给朋友萨丽娜一个小小的音乐盒。后来她写信给我表示感谢，作为一种很平常的举动，我很快就把这件事给忘到了脑后。

再次感谢表现真诚

没想到几个月后我又收到了她的一封邮件。她在信里是这样说的：“莉儿，非常感谢你送的音乐盒。你简直想象不到它给我们全家带来了多大的欢乐。以前每次我喊‘快起床了’，孩子们肯定会抱怨半天或是钻进被窝不肯出来。现在有了你的小礼物，孩子们吵着嚷着让我用美妙的铃声叫他们起床。我每天早上都要把音乐盒的发条上紧，然后悄悄拿到他们的卧室当闹钟。从他们一醒来，开心的笑容就会持续一早上，别提让我多高兴了！”

哇，没想到我的礼物这么受欢迎啊！这封信给了我莫大的鼓励。看到它能带来这么多欢乐，我也打心眼儿里感到高兴。萨丽娜的感谢让我觉得自己仿佛成了专门负责给小朋友送礼物的天使，这种满足感实在是太美妙了。

也许你听说过“膝跳反射”这个词，如果医生用小锤敲打人的膝盖，那么小腿就会马上做出条件反射。与此相似，收到别人礼物时随口而出的“谢谢”就好像是这种反应一样，是完全自发、毫无意识的反射行为，因此自然不会让对方感到特别真诚。但是，如果你能在几周或几个月后再次向对方道谢，并且真实地说出这份礼物给你带来了怎样的快乐，这无疑是种巨大的回报，让对方坚信自己选择的礼物是最特别、最有意义的。

小窍门 93

收到礼物几个月后再次感谢对方

收到别人的礼物后，你可以试着把它带给你的欢乐记录下来，过几个月再次向对方表示感谢。别忘了告诉他这份礼物有多么特别，给你带来了哪些欢乐。我敢肯定，这次感谢要比第一次感谢更能感动对方。

此外，这样做还很有可能帮你赢得心上人的芳心，说不定会让她对你“另眼相待”！

正如一句随意的“谢谢”听起来让人觉得味同嚼蜡，一句简单的赞扬对别人也不会有什么出奇的效果。不过，看了第 94 个小窍门，你就知道该怎么做啦。

如何让你的赞扬令人难忘?

这天早上，当上司走过你的办公桌时来了一句：“嘿，谢谢你昨天帮我找到了急需的文件，干得不错！”是不是感觉不错呢？

别急，再梦想一下这样的场景。上司快步朝你走来，到办公桌前停下，一脸笑意盯着你的眼睛，语气热情地喊着你的名字说：“啊！看到你昨天不辞辛苦，一个人翻了那么久才帮我找到急需的文件，真是让我印象太深刻啦。”她停了停，接着说：“本来嘛，看到抽屉里没有完全就可以放手不管了，你却坚持把整个文件柜仔细搜了一遍，找不到就不放弃。这真是太难得了，我必须要向你表示真挚的谢意。”

哈哈，怎么样，这下子你的感觉恐怕不只是“不错”了吧，简直是要飘起来啦！我敢打赌接下来一整天你都会乐得屁颠屁颠儿，连下班回家都哼着小调儿，甚至吃晚饭时也要跟全家人大肆渲染一番。是啊，这一顿甜死人不要命的赞扬叫谁也要美上好几天，想着想着，就连老板的形象似乎一下子都亲切了许多。不用说，如果有下次，你肯定愿意继续为他赴汤蹈火，连眼皮儿都不带眨一下。

再来换一幕。你答应帮朋友带一天顽皮小子，要先领他去看电影然后吃汉堡王。不出所料，这份“美差”差点儿没把你给折腾死。回到家里，如果你的朋友说：“多谢你帮我带这个小鬼头去看电影。”

你嘴上说着："呵呵，没事。"可心里忍不住恨恨地想：

下次再指望让我带这小子出去，没门！

可要是你的朋友堆起一脸笑容这么说："啊呀，辛苦辛苦，太感谢啦！我知道带这个小鬼头看一下午动画片可是个大苦差，没办法，谁让小家伙们就喜欢这个啊。还有他最喜欢吃的就是汉堡王，每次都要点那里的奶酪巨无霸。这不，刚一回家就跟我嚷嚷还想去呢！"

这下你可能就没那么大火气了，心里想：

我也没出多大力嘛，夸得我都不好意思了，看来她这人还真是不错！

不用说，要是下次对方还想让你带孩子的话，估计多半你就不会拒绝了。

说实话，以前我还真没注意到赞扬别人的时候多说几句能有这么好的效果。可惜的是，大多数人从来都只会在攻击别人时滔滔不绝，大有不放倒对方死不休的架势；可说到夸别人，能蹦出个一两句就算是不错了。

所以啊，这个小窍门虽然看似简单，但作用却是出奇地大。你只要在表扬别人时别小气，多多恭维几句就行啦。还有就是，你可以夸上几句停一下，当对方以为你已经说完时，再来几句彻底把对方灌晕乎。别担心，谁都爱听好听话，你的赞誉之辞对方听起来肯定跟天外之音一样美妙无比。

小问题：这个窍门和前戏有什么相同点？

估计各位已经猜到了。那就是时间越长，效果越好！

小窍门 94

别吝惜你的赞誉之辞

从某种意义上说，享受别人的夸奖就跟男女激情差不多，切忌"一蹴而就，草草收场"。一定要想办法多夸几句才能让对方长久回味。所以，我们的口号就是：表扬别人，胆子要再大一些，话语要再甜一些！

想想看其实蛮有意思的，这就像是演员都喜欢观众热情的掌声，要是台下掌声不断，怎能不让他喜出望外？

可是，新的问题又出现了，怎样才能让对方更加尊重你呢？

如何提升与爱人的关系?

说起人生中最重要的人际关系，恐怕非爱人关系莫属。然而，众所周知的是，它同样也是最容易遭到伤害的人际关系。

当初尝爱情时，双方都会从彼此的眼中看到自己最完美的形象。男方优秀出色，志得意满；女方则秀外慧中，高雅贤淑。两人对自己和对方全都感觉颇佳，每遇机会和父母朋友交谈，肯定是对自己的另一半交口称赞，满心欢喜，夸奖的话似乎总也说不完。

是啊，在热恋阶段的男女都是这样的，一点都不奇怪。如果这时候有一方会语带刻薄地形容对方，大家肯定会奇怪地问：“那你干吗还要跟他在一起？”

随着岁月流逝和激情不再，夫妻间曾经的赞誉之辞慢慢地被牢骚和抱怨取而代之。更糟的是，如果其中一方缺乏自信、麻木迟钝，往往会向朋友抱怨自己的伴侣有多么差劲。唉，这是最最失败的，难道他们不明白这样做根本无济于事，只能是自取其辱吗？因为但凡心智正常的人听到这样的抱怨肯定认为你的想法是：“我看人没品味，下场好凄惨，跟那个白痴一起生活真让我绝望透顶！”莎士比亚曾说过：“人人都爱爱人者。”可是他还忘了另一句：“怨天尤人无人怜”。

我们应该学会这一点，当你向别人盛赞自己的另一半时，大家会更敬佩你。因为从这些赞扬的话语中，人们听到你想要表达的真实含义是：“我找到了自己的真爱，我的生活再无缺憾，我做了明智的选择，感到非常幸福！”

大声对他/她说出你的真实想法

在我的人际关系课程中，我经常会这样做，让几对夫妻分别写出自己感到最满意的品质和成就是什么，以及对另一半感到最佩服的地方在哪里。然后，我会把每对夫妻所写的内容放到一起做比较，并让他们亲自读给大家听。这一招每次都会收到奇效，调查结果总会让大家大吃一惊。因为我们从来都觉得自己对另一半再熟悉不过，可事实是几乎所有人写出的内容，竟然和对方感到最自豪的品质或成就完全不同！

那么你呢？想想看你的他或她会为自己哪一点感到自豪，是善解人意、天赋异秉、精神丰富、身材魁梧、聪明机智、事业成功，还是有艺术品位？抑或是称职的父母？

可是，你又真的清楚吗？

我们可以来假设一下：女士们，比方说你很中意老公上高中时就打工挣钱，大学就能拥有小型业务，此外还是班上数独比赛的冠军。而先生们，你最感到心动的是妻子高中时是舞会皇后，不但做过学校年鉴的编辑，还参与过女子摔跤队的训练。

是啊，这些都是多么让人感到荣耀和自豪的事。可星转月移，当多年后在聚会上聊起从前的美好岁月时，女士们，可能你还在为老公的勤奋（高中打工）和进取心（拥有个人事业）感到自夸；而先生们依然为妻子当年的美丽（舞会皇后）和聪颖（做编辑）自豪不已。

然而，也许你的妻子并不清楚，其实在内心深处你对自己的勤奋进

取毫不在意，你更有兴趣的是想让大家知道自己是个数独比赛高手。

同样，当丈夫再一次津津乐道高中舞会的往事时，也许妻子暗暗在想的是："我早对那些肤浅至极的东西厌倦了。"现在的她更渴望让大家接受自己锐意进取、不畏艰难的女摔跤手形象。

美国著名哲学家尤吉·贝拉曾说过："知人难。"诚如斯言！

所以，我的建议是，下次当你的另一半跟别人聊天时千万要仔细聆听，努力了解他话语背后的真实想法，这样你才知道对方的兴趣点在哪里。比如说，你可以留意妻子喜欢聊什么话题，或是关注丈夫喜欢卖弄哪些特长。如果双方都做到了这一点，肯定就会赢得对方的尊重和赞美。当然，随之而来的就是焕发生机的夫妻关系，让你们重新燃起对另一半的激情和自豪感。

小窍门 95

学会公开表扬你的另一半

婚后的男女们注意啦！下次再和别人聊天时，别忘了有意无意地夸夸自己的另一半，告诉大伙他或她有多优秀，以及你有多自豪。别忘了，光夸你喜欢的素质或成就还不够，多提提让对方自己感到骄傲的长处才能更好地提升你们的夫妻关系。

如何应对叫错伴侣名字的尴尬情形？

你有没有经历过这种情况：面对着你，你的伴侣却叫出了另一个人的名字？如果有的话，你会产生怎样的反应？震惊、伤心、愤怒，还是狐疑？当然，我们都记得小时候，如果老爷爷把小孩子的名字搞错的话，常常会惹得我们咯咯笑上半天。我们这里还有个流传很广的小笑话，说的是内莉阿姨分不清侄子和侄女，可逗了！

不过，要是这一幕出现在你们夫妻之间的话可就麻烦了，处理不好的话轻则导致猜疑争执、几周冷战，重则可能造成分居或离婚！

不过，也别着急，我们还是要具体问题具体分析，看看有没有补救的措施。首先，这个名字嘛，其实只不过是出生时写在证明文件上的一组文字、高中毕业照下面的一个签字、护照上的一个身份，以及将来要刻在墓碑上的一个记号，仅此而已。

当然，你的好友和爱人肯定是会记得你的名字的，至少一般情况下确实如此。只不过，当一个人的记忆库和强烈情感出现冲突时，后者往往会占上风。这种情感尤其在强烈感受到疼痛、疾病和愤怒时常见。与此类似，巨大的快乐、爱意或性兴奋也能产生相似的感受。

比如生病。男人要是一生病，马上会变成弱不禁风的小男孩，需要你悉心呵护，百般关爱。我的前夫巴里·法布尔就是个典型。

十全大补鸡汤

据我所知，似乎没什么科学依据能表明鸡汤对感冒有特殊疗效，可巴里却不这么看。眼见他似乎感冒得不轻，我只好下厨给他熬上一大锅鸡汤。就在我正在厨房里忙前忙后时，突然听见这厮在床上大喊：“乌拉，过来。”当时我这个气啊，差点儿没把锅给掀了！为啥？因为这个乌拉是他的前妻——一个瑞典小护士。

后来我强忍下来，最终让我免于发作的原因其实很简单，这次感冒已经把他折腾得够受了。要想修理他，那也要等到他好起来再说，哼哼，到时候再让你领教生不如死的滋味！

转机时刻

这个该死的乌拉搞得我心神不宁，我干脆把摊子一撂，去超市消消气。说来也巧，正好碰上了一位老朋友——心理治疗师西德尼·盖茨。我这儿正一肚子火没处发，这下可碰上了救星，一股脑儿对他和盘托出。

听完后，盖茨对我说：“莉儿，这种情况下喊出别人的姓名肯定包含了强烈的情感，听你说巴里的前妻是个护士，对吗？”

“是啊。”

“在他发烧的情况下，我想他肯定想到了乌拉的可爱之处。毕竟，人家是专业护士，在他生病时肯定会把他照顾得无微不至。所以我倒觉得他叫错名字反而是在恭维你，意思是他觉得你像那位可爱的护士一样细心能干。”

“不是吧，老盖！你说的也太难让人接受了。你是说他这么叫我是夸我啊？”

他点了点头表示同意。

这个结论可是大大出乎我的意料，转念一想：嗯，看来这个乌拉还真是会照顾人啊。

叫错名字有时也是一种美丽

“那……好吧，”我有点儿不情愿地说，然后又狠狠地补上一句，“不过要是让我逮到他没病的时候说，哼哼，有他好看！”

“呵呵，莉儿，你又错啦。叫错名字也要看情况而定，不能一棒子打死啊。想想看，难道你就没有叫错别人名字的时候吗？”

“那……嘿嘿……也是有的。”我有些不好意思。

“都是在什么情况下呢？”这家伙还打破沙锅问到底了。

我想了想，看来他说的没错。只要我和巴里一吵架，或者如果有人不识相把我给惹毛了，大怒之下我经常会气呼呼地大喊：“死巴里！”唉，甚至到现在都改不掉。

那么你呢？

所以说，碰上这种事还是先冷静点好，冲动是魔鬼嘛！想想看，你的老公有没有对着你却喊出曾经深爱过的亡妻的名字？如果有那还真是件好事，可见他用情之深。你的妻子有没有看见你大声喊出让她憎恨无比的前夫姓名？那可大事不妙，赶紧回去反省反省。还有，你的“忠贞”伴侣是否在跟你亲密时情不自禁叫出过另一个人的名字？这……这个嘛，可不是什么好兆头哦，你还是自己看着办吧！

小窍门 96

叫错姓名先别慌，体察情况再思量

什么？你的老公／老婆会叫错你的名字？呵呵，不用那么紧张啦，要具体情况具体对待嘛。好好想想他／她是在什么情况下叫错的，然后再想办法，有时候结果可能还会让你感动呢。

而要想进一步提升自己和伴侣的关系，你可以大方地告诉对方自己完全理解他／她为什么会这样做，然后真诚地感谢对方把这种美好的感受传递给你。

给单身男女的小建议

对于当下的约会狂们，我倒是有个小建议，能让你免遇此种尴尬。你可以给对方起个绰号，比如像什么“小宝贝”、“亲爱的”、“小可爱”或“小心肝”之类。然后就可以从容赴约啦，甭管对象有多少，统统都用一样的绰号称呼对方，保管不会再搞砸！

尾 声

重返实验室

还记得本书一开头实验室里的首席执行官和清洁工乔吗？一开始他们之间确实没什么明显区别，很难让人辨别出各自的身份。可当他们一开口情况马上就出现了变化。首先那位执行官发现了乔的尴尬，鼓励他说“你表现不错！”同样，他还意识到组织者对此试验的高度重视，于是又在话语中表达出了对教授研究课题的自信。可别小看这貌似简单的两句话，它们不但帮助执行官快速化解尴尬，和周围所有人顺利建立联系，而且还充分顾及到对方的感受，让人听起来很受用。

根据这些表现，我们不难看出这位首席执行官灵活应用了本书中的多个人际关系小窍门，比如表扬员工的出色表现；和下属一起笑对困境，赢得他们的忠诚等。当然，我敢保证，如此善于处理人际关系的他，面对弱势群体时肯定不会炫耀自己的财富，而和员工们相处时也绝不会打官腔、摆架子。

而说到公司内部的勾心斗角、尔虞我诈，他也总是有办法体现出自己的权威性，有办法力排众议坚持自己的主张。由于深知必须为公司、员工以及自己创造机会，他也会掌握许多与人交往的小窍门，比如如何跟大人物打交道、如何让对方欣然赴约、如何顺利展开谈话、如何巧妙转移话题或是婉转地提示滔滔不绝的话匣子。同样，他写邮件时肯定会写明具体收件人；他打起电话来声音肯定极有说服力；而

且，他还肯定会用蓝色墨水笔签字！

现在我们再回头看看可怜的乔，光是他那句自负的“就知道你们离不开我”，恐怕各位就不难体会到他的狭隘和高度膨胀的自我意识。试想一下，这样丝毫不顾他人感受的方式又怎能激发对方愉快的交谈体验，怎能不让现场感觉尴尬？

正是由于这种原因，乔才一直没办法多认识朋友。是啊，像这样的万人嫌，想想都头疼，谁又愿意请他来参加聚会呢？真要如此，弄不好这位老兄会拉着来宾里的某位医生帮他检查胎记呢！那可真有笑话看了！

而且，要不是因为在上班时间群发笑话，要不是因为总在邮件里发些“老子天下第一”的言论或是让公司人心浮动的消息，其实他还是能在职业道路上有所发展的。更要命的是，他那不假思索的鲁莽话语根本无法让对方产生尊敬感，这不等于自揭其短，证明自己在公司的地位低下吗？

50 多年前，大名鼎鼎的英国乐队披头士曾这样写到：“没有朋友的帮助，我将一事无成。”虽然已经过去半个多世纪，这句话却毫不过时。无论你希望从生活中得到什么都需要朋友的支持，因为没人可以独自实现奇迹。正如我在前言中所说的：“只要你的工作不是担任奥斯卡颁奖晚会主持人，你的个性和外表在生活中的影响就没那么重要。”那么，真正重要的因素是哪些呢？

我来告诉你，真正起作用的因素是成功搭建人际关系的能力。那么该如何做到这一点呢？你应该有意识地预测别人对你的言行会产生怎样的情绪和感受，然后做出相应的反应。而本书所讲述的所有窍门正是帮助你训练自己情绪预测能力的好方法。

本书中出现的真实人物

在写作本书的过程中，我要感谢很多人，是他们展现出了优异的情绪预测能力帮助我完成了书中的96个小窍门。下面我要向他们一一致谢：

来自安大略奥沙瓦的加拿大通用公司总裁阿图罗・伊莱亚斯，感谢他教会我直触对方心房的握手方式；

来自旧金山的萨丽娜・费歇尔，感谢她第二次写信告诉我孩子们多么喜欢我送的音乐盒；

来自瑞典厄勒布鲁的空姐托娃・斯文森，感谢她教会我如何在背后表扬别人——当然，声音要大得让对方听到；

来自密西西比州的演讲家戴安娜・帕克斯，是她让我明白不要对文化程度不高的人士斤斤计较如何表达正确语法；

来自亚利桑那州凤凰城的活动组织人谢丽尔・孟斯特罗姆，感谢她不厌其详地跟我唠叨行程的困顿，我不但轻松卸掉了满腹委屈，还成了她无话不谈的密友；

来自纽约萨福克的驯马师乔纳森・拉姆，感谢他教会我如何不露声色地观察别人的面部表情，从而洞悉他们内心的真实想法；

来自芝加哥的大厨罗伯特・马格里尼和惠普公司的销售员福斯特・安德森，是这对死党教会我聚会时好友之间要“相互吹捧”。看来，“自卖自夸”已经落伍了，真正让人欲罢不能的是“卖前互夸”啊！

室友桑迪来自意大利萨列诺的男友吉安卡罗・帕罗蒂，感谢他教会我在跟不熟悉你的母语的人士交流时，要尽量把语速放慢再放慢；

来自纽约的卡米耶・马兹奥蒂，是她让我领悟了善意绰号给你的巨大肯定和积极意义；

来自佛罗里达萨拉索塔的新朋友简・斯托蒂，是她教会我在会话中先缄默后热情，这个方法不但能让你更受瞩目，还能让你的谈吐更有见地；

来自纽约的心理治疗师西德尼 · 盖茨，感谢他教会我如何应付被人叫错名字的场景；

来自捷克的建筑师伊凡 · 巴图库达，感谢他教会我与人见面时不要提前关闭手机，而是在对话时让对方亲耳听到自己关闭手机；

运输公司经理迈克尔 · 托马斯，感谢他教会我听到对方说“时间紧时”应马上挂断电话；

来自纽约的播音员巴里 · 法布尔，感谢他教会我怎样在留言中报电话号码；

来自意大利热那亚的船长乔治 · 阿克那罗，是他让我明白悄声观察然后报以微笑的方式对于表达者的巨大肯定；

来自百慕大群岛 CellularOne 公司的经理沃尔特 · 卡罗拉，是他让我认识到和同僚下属在一起时爽朗笑声的巨大感染力；

来自伊利诺伊埃文斯通的老朋友罗宾 · 道森，感谢她教会我面对一群人聊天却一头雾水时如何避免出丑；

同样，我还要向下列同意我在文中提及姓名的各位表示感谢：

日本商人岳岛先生，感谢他教会我对待名片时如何表现敬意；

公司经理吉米，感谢他为我提供了两条提升威望的小窍门：选择最高的座位或坐到一把手右边，以及仰面点头表示同意别人意见；

歌手扎卡里，感谢他教会我打电话时通过变换话筒距离的方式让声音更吸引人；

保险理赔员桑德拉，感谢她让我明白迟到时不要急于为自己辩解，并教会我正确的处理方式；

好友艾伯尼、萨米和斯各特，感谢他们教会我聚会时和好友约定互相做介绍；向空气挥手表明自己并不孤独；在门口微笑迎接新来的宾客；如何摆脱喋喋不休者以及让我领会到提前赴约的好处。

此外，还有好友黛博拉、维姬和帕特丽夏，感谢她们在我第一本书出版一周年时给我寄来的贺卡。

感谢以下几位陌生人，是他们的帮助让我总结出了一些摆脱尴尬的小窍门：

罗伯特的母亲，乘车时是她机智地转移话题，帮助我安全度过口误危机；

飞机上的同座，是她老练的回答让我丝毫没有察觉自己反复问相同问题的愚蠢；

当然，还要感谢成千上万的可爱的男同胞们，感谢你们连自己都说不清道不明为什么不喜欢背对门口而坐。不然，我还真总结不出这个小窍门呢！

建立人际关系：你最值得付出的投资

无论希望从生活中得到什么，我都相信你一定能取得成功。因为我知道，读完本书你肯定会积极地改善自己的言行方式以及处理人际关系的方式，而这无疑是回报最大的一笔投资！

同样，我会很高兴得到各位读者的反馈。你可以直接给我的网址 www.lowndes.com 写邮件。虽然不能保证马上回复，但我一定会尽快给你答复。另外，你也可以在网站上的每月免费“窍门”栏目里出谋划策，帮更多的人实现成功的人际关系经营。最后，我衷心希望各位读者能运用这些小窍门成功赢得生意机会，赢得友谊以及生活中最最重要的人——你的真爱！

参考书目

Aronson, E., et al. "The Effect of a Pratfall on Increasing Interpersonal Attractiveness." *Psychonomic Science* 4 (1966): 227-28.

Birtchnell, John. *How Humans Relate: A New Interpersonal Theory.* Westport, CT: Praeger, 1966.

Carnegie, Dale. *How to Win Friends and Influence People.* New York: Pocket Books, 1936.

Cheek, J. M., and A. H. Buss. "Shyness and Sociability." *Journal of Personality and Social Psychology* 41 (1981): 330-39.

Cook, Mark. "Gaze and Mutual Gaze in Social Encounters." *American Scientist* 65 (1977): 328-33.

Curtis, Rebecca C., and Kim Miller. "Believing Another Likes or Dislikes You: Behaviors Making the Beliefs Come True." *Journal of Personality and Social Psychology* 51, no. 2 (1986): 284-90.

Dodd, D. K., and Markweise, B. J. "Survey Response Rate as a Function of Personalized Signature on Cover Letter. *Journal of Social Psychology*. 127 (1987): 97-98

Dressel, R, and Paul Atchley. "Conversation Limits Attention: The Impact of Conversation Complexity." *Journal of Vision* 5, no. 8 (1973): 398.

Dunn, Elizabeth W. "Misunderstanding the Affective Consequences of Everyday Social Interactions: The Hidden Benefits of Putting One's Best Face Forward." *Journal of Personality and Social Psychology* 92, no. 6 (June 2007): 990-1005.

Gladwell, Malcolm. *Blink: The Power of Thinking Without Thinking*. New York: Little Brown and Company, 2005.

Goleman, Daniel. *Emotional Intelligence*. New York: Bantam Books, 1995.

Harrison, Albert A. "Exposure and Popularity." *Journal of Personality* 37, no. 3 (1969): 359-77.

Hayakawa, S. I. *Language in Thought and Action*. New York: Harcourt Brace Jovanovich, 1941.

Keller, Paul W. "The Personal Enjoyment of Conversation." Paper presented at the Annual Meeting of the Central States Speech Association, Minneapolis, 1973.

Lavrakas, J. "Female Preferences for Male Physiques." *Journal of Research in Personality* 9, 324-34

Leary, M. R., and R. F. Baumeister. "The Nature and Function of Self-Esteem, Sociometer Theory." In *Advances in Experimental Social Psychology*, vol. 32, edited by M. P. Zanna, 1-62. New York: Academic Press, 2000.

Lewis, David. *The Secret Language of Success*. New York: Carroll & Graf Publishers Inc., 1989.

Lieberman, David J. *Instant Analysis*. New York: St. Martin's Griffin, 1997.

Lowndes, Leil. *How to Be a People Magnet*. New York: McGraw-Hill, 2001.

——. *How to Make Anyone Fall in Love with You*. New York:McGraw-Hill, 1996.

——. *How to Talk to Anyone*. New York: Contemporary Books,2003.

——. *Undercover Sex Signals*. New York: Kensington Books, 2007.

Martin, Peter A. "Psychoanalytic Aspects of That Type of Communication Termed 'Small Talk.'" *Journal of the American Psychoanalytic Association* XII (1964): 392-400.

McKenzie-McHarg, Kirstie. "Effect on Survey Response Rate of Hand-Written Versus Printed Signature on a Covering Letter Randomized Controlled Trial." Oxford University Research Archive, 2005.

McNeil, Daniel. *Face: A Natural History*. New York: Little Brown and Company, 2000.

Morris, Desmond. Manwatching: *A Field Guide to Human Behavior*. New York: Harry N. Abrams, 1977.

——. *The Naked Ape*. New York: Dell, 1967.

Neuberg, S. L., and S. T. Fiske. "Motivational Influences on Impression Formation: Outcome Dependency, Accuracy-Driven Attention, and

Individuating Processes." *Journal of Personality and Social Psychology* 53 (1987): 431-44.

Nierenberg, Gerard L., and Henry H. Calero. *Metatalk.* New York: Trident Press, 1985.

Oetting, E.R. "Examination Anxiety: Prediction, Physiological Response and Relation to Scholastic Performance." *Journal of Personality and Social Psychology* 3 (1966): 224-27.

Sannito, Thomas, and Peter J. McGovern. *Courtroom Psychology for Trial Lawyers*. New York: John Wiley & Sons, Inc., 1985.

Schimel, Jeff, et al. "Being Accepted for Who We Are: Evidence That Social Validation of the Intrinsic Self Reduces General Defensiveness." *Journal of Personality and Social Psychology* 80, no. 1 (2001): 35-52.

Stevens, L. E., and S. T. Fiske. "Motivation and Cognition in Social Life: A Social Survival Perspective." Social Cognition 13 (1995): 189-214.

Tannen, Deborah. *Talking from 9 to 5*. New York: Avon Books, 1994.

Wojciszke, B., W. Baryla, and A. Mikiewicz. "Two Dimensions of Interpersonal Attitudes: Liking Is Based on Self-Interest, Respect Is Based on Status." Unpublished manuscript, Polish Academy of Science, 2003.

Wojciszke, B., R. Bazinska, and M. Jaworski. "On the Dominance of Moral Categories in Impression Formation." *Personality and Social Psychology Bulletin* 24 (1998): 1251-63.

Zweigenhaft, Richard L. "The Empirical Study of Signature Size." *Social Behavior and Personality: An International Journal* 5, no. 1 (1977): 177-86.

图书在版编目(CIP)数据

再也不怕跟人打交道:一学就会的96个沟通技巧/(美)朗兹(Lowndes,L.)著;曹蔓译. —上海:上海社会科学院出版社,2015
书名原文:How to Instantly Connect with Anyone:96 All-New Little Tricks for Big Success in Relationships
ISBN 978-7-5520-0983-5

Ⅰ.①再… Ⅱ.①朗… ②曹… Ⅲ.①心理交往—通俗读物 Ⅳ.①C912.1-49

中国版本图书馆CIP数据核字(2015)第181379号

上海市版权局著作权合同登记号:图字 09-2015-656

再也不怕跟人打交道

作　　者:[美]莉尔·朗兹
译　　者:曹　蔓
责任编辑:李　慧　唐云松
特约编辑:信宁宁
出版发行:上海社会科学院出版社
上海淮海中路622弄7号　电话63875741　邮编200020
http: //www. sassp.org.cn　E-mail: sassp@sass.org.cn
印　　刷:北京凯达印务有限公司
开　　本:710×1000毫米　1/16开
印　　张:21
字　　数:200千字
版　　次:2016年1月第1版　2018年4月第3次印刷

ISBN 978-7-5520-0983-5/C·098　　定价:36.80元